뮤지엄 고어,
아트 디렉터가 되다

아치쿠 에세이

뮤지엄 고어,
아트 디렉터가 되다

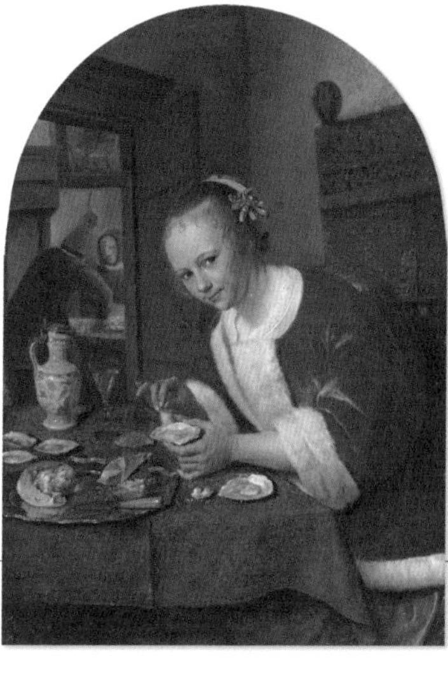

아치쿠 에세이

차례

여섯 번째 발자국

'LA' 미술 시장 속으로

163

일곱 번째 발자국

아트디렉터 ARTSYKOO

213

에필로그

Shake Your Artsy Spirit!

245

프롤로그

: 뮤지엄 고어Museum-goer의 성장기

그저 '귀'만 존재하는 시절이 있었다. 세상 모든 소리에 귀 기울이는 것을 즐겼고, 그러다 보니 자연스레 음악에 심취하게 됐다. 직접 바이올린을 연주하며 소리에 집중하는 일상을 보내던 나는 좀 더 감동적인 음악을 갈구하며 내가 만들어내는 음악이 잘 어우러지는 풍경을 구체적으로 그려가기 시작했다. 그리고 비로소 조금씩 '들리는 것'뿐만 아니라 '보이는 것', '보는 행위'가 갖는 특별한 의미에 눈을 뜨기 시작했다.

살아가면서 유일한 관심은 음악밖에 없으며 음악에 내 전부를 걸 수 있다고 호언장담하던 나는 정신을 차려보니 어느덧 수많은 미술 작품 더미에 파묻혀 하루하루를 보내고 있었다. 파리 루브르 박물관 앞까지 가서 〈모나리자〉 관람을 거절했던 내가 젊고 유망한 작가를 직접 픽업해 전시를 기획하는 아트디렉터로 살아가기까지. 돌이켜보면 미술이 내 삶 속에서 차지하던 위상은 드라마틱하게 변했다. 무관심 혹은 냉소적 태도에서 세상 어느 곳의 전시라도 찾아갈 정도로 뜨겁게 불타오르게.

순간을 예술로 빚어내는 공연예술은 무대뿐만 아니라 관람자의 순간 또한 컨트롤하는 특권을 가지고 있다. 공연 시작 시각에 맞추어 공연장에 도착해야 하는 압박감, 일단 시작되면 중간 입장조차 어려운 현실, 연주에 크게 감동해도 악장 사이의 박수는 금지라는 암묵적 약속 같은 것들을 생각할 때, 공연예술의 관람과 감상은 늘 많은 제약이 따른다.

하지만 미술은 다르다. 작품이 전시되어 사람들과 눈을 마주해야 비로소 감상이 시작된다. 작품은 재촉하지 않고 그 자리에서 감상자를 기다려준다. 전시장을 돌아다니다 마음을 사로잡는 작품을 만나 한참 동안 그 작품 앞에 서서 바라본다고 한들 그 누구 하나 재촉하지 않는다. 마치 나를 기다렸다는 듯, 내 눈길이 닿지 않는 순간에도 어디론가 사라져버리지 않고 그곳에 오래오래 있어 줄 것만 같아 안심된다.

어디 그뿐이겠는가. 입구에서 출구까지 관람 동선을 따라 전시를 모두 보고 난 뒤, 마치 되감기를 하듯 마음에 들었던 작품 앞으로 돌아가 다시 작품을 볼 수도 있다. 관람 시간이 허락하는 한 하염없이, 마음껏 작품에 마음을 뺏기며 홀린 듯 감상해도 된다.

전시장의 적막감과 고요함은 나를 완전히 매료시켰다. 특히 야간 전시 관람과 같이 한산한 전시 관람 분위기에서만 느낄 수 있는 전시장 특유의 고즈넉함과 차분함, 운치 있는 풍경은 전시장의 몽환적인 분위기를 유유자적하며 관람하는 자신에게 취한 것이 아닐까 하는 생각이 들게 했다.

또한 작품을 앞에 두고 수많은 질문을 던지며 그 안에서 홀로 답을 찾고자 사유하는 감상의 경험은 실리에 연연하기보다 깨달음을 얻고자 하는 학자나 선비가 된 듯한 기분을 선사하기도 한다. 나아가 '아름다움이란 무엇인가?'라는 다소 덧없는 질문에 대한 답을 찾으려 허우적대는 자신을 발견했을 때, 마치 시인이 된 듯한 낭만적 감상을 만끽함으로써 아름다운 것에 매료된 자신에게 도취하기도 한다. 이러한 벅찬 감정의 경험 속에서 전시를 관람하는 것, 이것이야말로 '뮤지엄고어Museum-goer(미술관에 가는 사람)'만이 가질 수 있는 특별한 행복감이 아닐까.

나는 공연장 객석을 가득히 채운 관객 앞 무대 위로 올라가 떨리는 마음으로 연주하는, 긴장감 가득한 음악계에서 어린 시절을 보냈다. 그런 나에게 고요한 미술관에서의 전시 관람은 마치 고슴도치 가시처럼 바짝 선 내 심리를 누그러뜨려 주는 듯한 안도감을 주었다. 더욱이 하나의 작품 앞에 서서 그 작품의 심연을 들여다보고자 푹 빠져 몰입하는 행위는 편안함과 긴장감이 해소되는 묘한 쾌감을 느끼게 해주었다. 그렇게 나는 점차 뮤지엄 고어, 즉 전시 관람자로서 살아가는 특별한 매력에 빠져들어 갔다.

본격적으로 전시 관람을 하기 시작했던 20대 초, 미술관의 벽에 걸린 회화 작품은 그저 정지 화면과 같은 상태로 고요히 걸려있다고만 생각했다. 하지만 점차 전시 관람의 경험이 늘어나고 한 작품에 집중하려 노력하면서, 작품과 나 사이에 우리만의 시간과 공간이 펼쳐지는 특별한 경험을 할 수 있게 되었다.

그렇게 첫 '감상'이 시작되었다. 그 어떤 것도 나와 작품이 만들어 낸 우리만의 순간과 공간을 통제하지 않는다. 작품은 서서히 나의 모든 감각을 깨우기 시작한다. 2차원의 평면 회화 이미지는 점차 3차원으로 깊어지며, 어느새 나를 작품 안으로 불러들인다. 작품과 내가 만들어간 가상의 공간 속에서 나는 나의 기억과 경험을 회상해 작품 이미지에 투사한다. 그렇게 감상은 깊어지고 또 선명해진다.

또한 "왜 그럴까?"라는 질문들을 쏟아내며 스스로 그 답을 유추하고자 퍼즐을 맞추듯 이리저리 생각하는 과정은 창의적인 영감이 샘솟는 특별한 경험을 선사한다. '관람'은 점차 '감상'의 영역으로 확장되고, 그렇게 열정 가득한 뮤지엄 고어는 전시 관람과 작품을 감상하는 행위를 통해 '미술 전문가'로 거듭나고 진정한 '아트러버art lover'로 성장해갔다.

이 책은 '전시 관람'이라는 예술적 경험과 미술계의 여러 포지션에서 업무를 경험한 필자가 일반 전시 관람자로 시작해 미술이론 전공 대학원생, 갤러리스트, 아트페어 관람자, 전시기획자로 거듭나면서 변화한 전시를 바라보는 인식을 담았다.

이 책이 미술 혹은 전시 관람에 무관심하거나 주저하고 있는 잠재적 미술 애호가들에게 조금이나마 긍정적인 영향을 줄 수 있기를 기대한다. 나아가 필자가 전시 관람에 대한 성숙한 세계관을 갖춰가는 발걸음을 함께 살펴보며, 미술계에서 전시를 기획하고 전시 공간을 운영하는 관계자들에게 전시기획과 운영 방향에 조금이나마 도움이 될 수 있기를 희망한다.

2023년 12월

구예림(ARTSYKOO)

첫 번째 발자국

음악에서 미술로

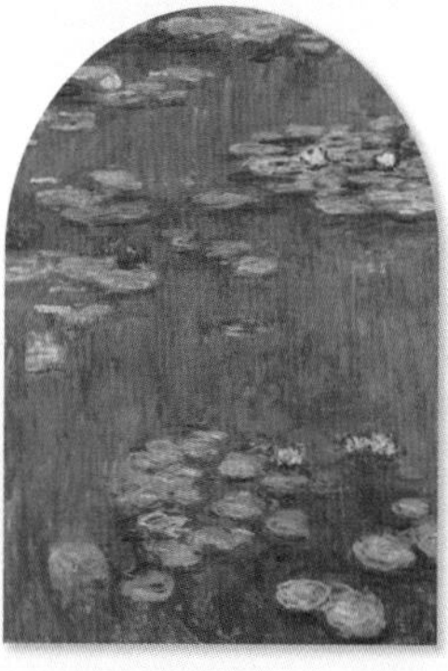

생애 첫 전시 관람의 추억,
그저 달아나고 싶었다

난생처음 전시를 보러 갔던 날을 떠올려 본다. 초등학교 2학년 어느 화창한 일요일 아침, 영문도 모른 채 엄마 손에 이끌려 버스를 타고 한참이나 이동해서 도착한 곳은 다름 아닌 '진시황릉 유물전'이 열리는 전시장 앞. 끝을 모르고 이어지는 줄 끝자락에 겨우 서 있던 엄마와 나. 마치 링거액이 떨어지듯 드문드문 줄어드는 줄을 인내심 있게 기다리기엔 아홉 살이던 나는 너무 어린 철부지였다. 점점 다리가 아파져 왔고 자리에 앉았다 섰다를 반복하며 울상을 짓다 보니 그제야 겨우 입장할 차례가 되었다.

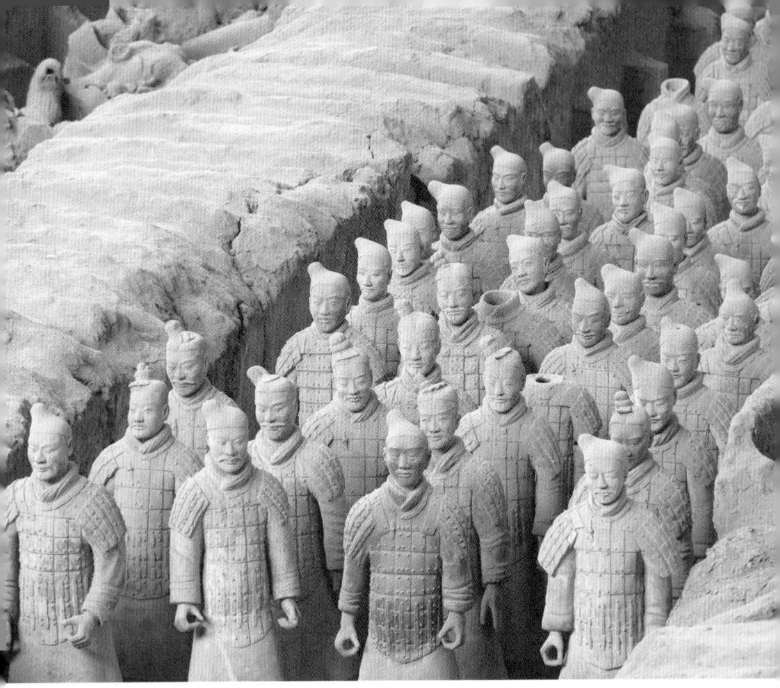

진시황릉의 <병마용갱> ©게티이미지뱅크

오랜 기다림 끝에 겨우 들어선 전시장 안 분위기는 화창한 일요일 오후의 풍경이 무색할 정도로 어두침침했다. 전시장은 인류의 위대한 문화유산을 관람하고자 흥분된 마음을 품고 전시장을 찾아온 사람들로 북새통을 이뤘다. 무엇보다도 이 엄청난 관람 인파 정도는 저리 가라 할 규모의 무장 병마용兵馬俑이 끝없이 줄지어 서 있던 전시장 풍경은 진시황릉 유물전이 90년대를 대표하는 블록버스터급 유물 전시임을 다시금 확인시켜주었다.

하지만 나에게 이 전시에 대한 기억은 공포와 스트레스 그 자체로 오랫동안 남아있었다. 마치 동굴 안에 들어온 듯 전시장 안에는 유물 특유의 퀴퀴한 냄새가 났다. 어두컴컴했고, 더웠고, 사람은 미어터졌다. 갑갑해진 나는 전시를 보는 둥 마는 둥 하며 그저 이곳에서 빨리 탈출할 수 있기를 바랐다. 더구나 시황제의 무덤에서 2천년이 넘는 세월을 버텨온 무시무시한 수천의 병마용들을 제대로 살펴보기에 아홉 살의 난 너무 겁이 많았다.

엄청난 규모의 전시였던 만큼 내가 그곳에서 받았던 감동도 그만한 규모였으면 얼마나 좋았을까. 하지만 아직 어린아이에 불과했던 나는 역사적인 문화유산이 내뿜는 웅장함을 그대로 받아들이기에 무리가 있었다.

헬로키티에 빠져 알록달록 예쁜 컬러를 쫓아다니던 아홉 살 난 여자아이에게 내세로 떠나는 진시황의 안녕을 빌어주는 진흙투성이 유물은 조금도 예뻐 보이지 않았다. 수천 년을 넘도록 굳은 표정으로 우리를 노려보던 병마용은 오히려 공포감으로 다가왔으니, 제아무리 인류의 유구한 문화유산이더라도 어린 소녀의 흥미를 끌기에는 여러모로 역부족이었다.

"집에 가고 싶어. 다리 아파."

본격적인 전시 관람이 시작도 되기 전에 인파와 어두운 분위기의 전시장, 그리고 공포스런 유물에 완전히 질려버린 나는 엄마 팔을 잡아당기며 강력한 귀소 본능을 어필했다. 1994년의 나는 왜, 대체 그리도 진시황릉전이 마음에 들지 않았을까. 그렇다면 진시황릉전 관람은 경험하지 않는 편이 나았을까?

만약 아홉 살의 내가 같은 날, 당시 심취해 있던 헬로키티 캐릭터 전시를 보러 갔더라면 어떤 반응을 보였을까? 아마 전시에 몰입했을 뿐만 아니라 시간 가는 줄 모르고 전시를 즐겼을 것이다. 설령 컨디션이 좋지 않았더라도 전시를 보면서 아픔 따위는 잊고 완전히 집중하는 정도를 넘어 앓던 병까지 씻은 듯 나았을지도 모른다.

나는 진시황릉전에 다녀와서 엄마가 사 주셨던 병마용 미니어처 인형과 병마용 사진이 크게 출력된 전시 리플렛을 무서워서 쳐다보지도 못했던 겁쟁이였지만, 만약 헬로키티 전시에 다녀왔더라면 키티에 대한 충성도가 더욱 높아져 캐릭터 상품을 쓸어모았을지도 모를 일이다.

그렇다고 해서 진시황릉전이 과연 나의 인생에서 아무런 영향도 끼치지 않았을까? 아니다. 놀랍게도 그 영향력은 어마어마했다. 나는 중국 진나라의 시황제에 관한 관심은커녕 우리나라 역사에 대한 이해마저 전무했지만, 이후 초중고 교육과정 동안 수천만의 병마용을 만들게 되었던 배경과 진시황의 불로장생에 대한 집착 같은 '진시황' 관련 내용이 나올 때마다 그가 그 어떤 역사 속 인물보다도 가깝게 느껴졌다. 나는 진시황이라는 존재를 먼저 전시를 통해서 접하고 인식했고, 훗날 시차를 두고 그를 이해하게 된 것이다.

결과적으로 씨앗처럼 무작위로 뿌려졌던 경험들은 시간을 버티고 뿌리를 내려 예상치 못한 순간에 싹을 틔우고 비로소 깨달음이라는 꽃을 피우게 되었다. 즉, 관심의 여부를 떠나 그리 좋은 기억으로 남지 않더라도 일단 경험을 해야 한다. 그러면 결과적으로 적어도 손해는 보지 않는다. 그래서 싫든 좋든, 뭐든지 경험하는 편이 낫다는 생각을 조심스레 해 본다.

철부지 여고생의 선택은 '모나리자' 보다 '젤라또'

뜨거웠던 2002년 한일월드컵이 끝나가던 7월 말, 나는 바이올린과 함께 파리행 비행기에 몸을 실었다. 예술고등학교에서 바이올린을 전공한 나는 고1 첫 여름 방학을 맞이해 연주 실력 향상과 세상에 대한 견문을 넓히겠다는 포부를 품고 내 선생님의 스승님이 계신 파리로 날아갔다.

약 2주간 머물렀던 파리에서의 생활은 단순했다. 아침에 일찍 일어나 바이올린 연습을 하고 정오에는 레슨을 받고 그 이후 오후 시간 내내 파리 곳곳을 돌아다니며 관광하거나 공원의 나무 그늘에 앉아 바이올린 연습을 했다. 몽마르트르 언덕의 한 레스토랑 앞에서 바이올린 연주로 거리공연을 하기도 하고, 그렇게 난생처음 연주로 번 돈으로 내 초상화를 그리기도 하면서 파리에서 잊지 못할 추억을 쌓아 갔다.

"그래도 파리에 왔으니 루브르 박물관에 가서 〈모나리자〉는 봐야지?"

음악뿐만 아니라 건축과 인테리어, 미술까지 거의 모든 예술 분야를 사랑하시던 나의 선생님은 어느 날 루브르 박물관에 가서 레오나르도 다빈치의 모나리자를 보자고 제안하셨다.

'모나리자…? 흐음….'

하지만 아직 철없는 16살 소녀였던 나에게 '예술'이란 오로지 클래식 음악 세계가 전부였다. 게다가 그해 파리의 여름은 한낮 온도가 43도까지 치솟는 폭염의 나날이 계속되었고, 나는 그런 폭염을 견디며 루브르 박물관 입장을 기다릴 만큼 미술을 사랑하는 사람은 아니었다. 심지어 그 전날 45도의 불볕더위 속에서 에어컨 없는 베르사유궁 관람을 한 뒤였기에 더욱 구미가 당기지 않았다.

결국 나는 루브르 박물관 앞까지 가서 〈모나리자〉를 보러 전시실로 향하는 선생님을 뒤로한 채, 아이스크림 가게에서 시원한 에어컨 바람 앞에서 새콤달콤한 레몬 젤라또를 먹으며 한가롭게 오후 시간을 보냈다.

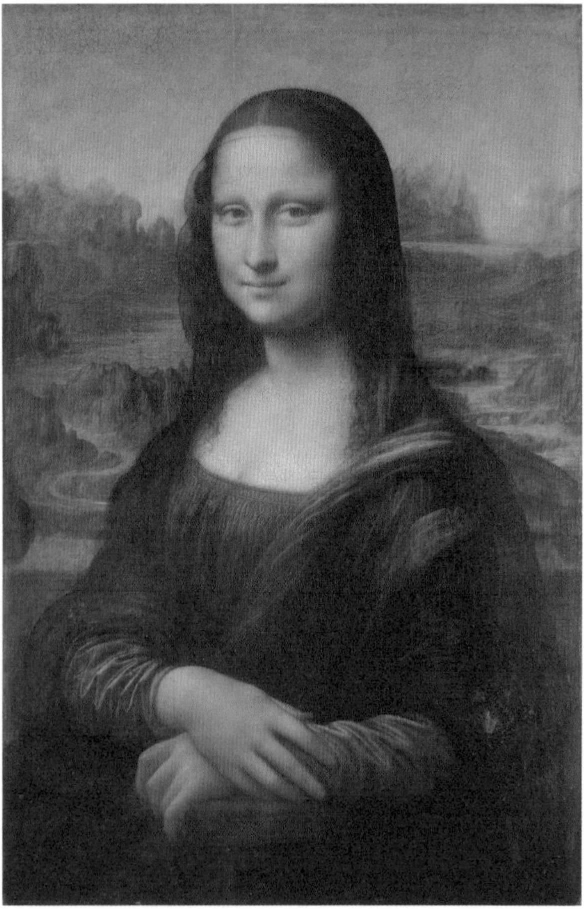

레오나르도 다빈치, <모나리자>

'다빈치의 걸작, 〈모나리자〉? 근데 그게 나랑 뭔 상관이람? 그런 여유 부릴 시간이 어딨어! 그거 보러 갈 시간에 연습해도 몇 시간을 더 하겠다!'

거짓말 하나 안 보태고 딱 이 마음이었다. 머릿속이 온통 음악과 악보, 생활은 연습과 레슨 그리고 무대와 연주, 시험과 평가로 가득 차 있던 내 삶은 음정과 박자를 맞추고 끝없는 테크닉 연습과 악보 외우는 것만으로도 벅찼다. 그런 나에게 다빈치가 눈썹도 없는 〈모나리자〉를 그렸다는 사실이 대체 무슨 상관이란 말인가! 16살, 음대 입시만 바라보며 살아가다 보니 매사에 극도로 신경이 예민해져 있었던 나는 하루하루가 버거웠고, 파리에서 레슨 받는 것 이외에는 그 어떤 것에도 관심을 줄 마음의 여유가 없었다. 고작 그림 하나 보자고 무더위에 넓고 다리만 아픈 박물관에 들어가 체력을 소진할 바에야 시원한 에어컨 바람 쐬며 휴식을 취하는 게 저녁 연습에 더 도움이 되겠다고 생각했다.

이 당시의 나는 전시 관람이 잠시나마 팍팍한 내 삶에 일종의 진정제 혹은 스트레스 해소제가 될 수도 있을 것이라는 희망적인 생각까지 미처 닿지도 못할 만큼 궁핍한 마음을 가지고 있었다. 그렇게 내 일상과 음악 세계에 매여버린 채 더 멀리 내다보지 못한 나였기에 머나먼 파리까지 날아가서 〈모나리자〉는커녕 루브르 박물관 안에 발도 들여놓지 않는, 다소 어처구니없는 선택을 하고야 말았다.

미술? 언젠가 푹 빠질 수 있습니다.
'제가 그랬듯이'

앞에서 언급한 '진시황릉전' 관람이 당시의 나와 훗날의 나에게 어떤 의미로 다가오게 되었는지를 생각해볼 때, 결과적으로 사람들이 가치가 높다고 평가하는 경험은 꼭 경험을 해보는 편이 좋다고 생각한다. 그저 어린 시절 나의 무지함과 유약한 체력을 탓할 뿐.

물론 그 당시의 내가 바이올린 선생님을 따라 루브르 박물관으로 들어가서 〈모나리자〉를 실제로 관람했다 하더라도, 음대 입시와 바이올린밖에 모르고 살던 당시의 나에겐 그리 드라마틱한 경험으로 다가오지 않았을 가능성이 크다. 하지만 누군가가 나에게 루브르 박물관이 본디 프랑스 왕실로 사용했던 실제 궁전을 박물관으로 만들었다는 사실과 루이 14세가 1628년 자신의 거처를 루브르 궁전에서 베르사유 궁전으로 이전했다는 사실을 알려주었다면? 당시 만화 '베르사유의 장미'에 열광했던 나를 돌아보았을 때 박물관과 〈모나

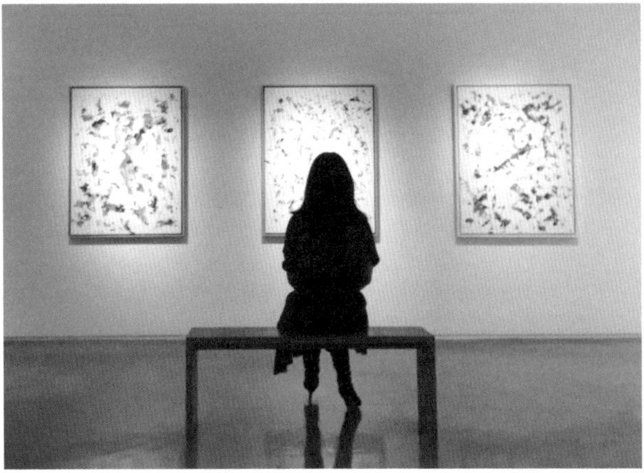
정진서 작가의 작품 <Fountain>을 감상하고 있는 필자

리자〉에는 관심이 없었을지언정 루브르 궁전에 대한 호기심 때문에라도 미술관에 입장하지 않았을까?

내가 〈모나리자〉를 실제로 보게 된 때는 이로부터 9년 뒤인 2011년 여름이었다. 만약 16살의 내가 억지로라도 〈모나리자〉를 보러 루브르 박물관에 들어갔다면, 지금과는 다른 미래가 펼쳐졌을까? 물론 별다른 변화가 없을지도 모른다. 하지만 한 가지 확실한 것은 내가 〈모나리자〉 관람을 거부했던 일화는 내 미술 인생에 '그랬던 나조차 미술에 빠져버렸으니 당신도 가능할 일이다'라는 일종의 간증과도 같은 경험이 되었다.

처음 만난 사람들에게 내가 전시기획자로 일하고

있다고 말할 때 종종 상대방에게 "저는 미술에 문외한이라서요" 혹은 "미술에는 큰 관심이 없어요"라는 말을 들을 때가 있다. 그러면 나는 나의 '모나리자 관람 거부' 스토리를 들려주며 "제 경험상 당신도 나중에 미술에 푹 빠질 수 있을걸요?"라고 말한다. 과거의 내가 그랬듯 다른 사람들도 충분히 미술 애호에 대한 가능성이 생길 수 있다는 가능성을 설득하는 편이다.

파리까지 가서 루브르 박물관을 입장하는 것을 거절했을 정도로 미술 자체에 지극히 무관심했던 내가 그로부터 정확하게 10년 후, 대학원에서 미술 이론을 공부하고 전시기획자로 활동하게 된다고 그때의 내가 상상이나 했겠는가?

그렇다면 내가 지금까지 살면서 처음으로 완전히 몰입해서 관람했던 전시는 무엇이 달랐을까? 내 인생에서 가장 드라마틱한 전시 관람의 순간을 돌이켜 보니, 놀랍게도 수많은 우연이 모여 위의 조건들이 대부분 충족된 상태에서 전시를 봤던 상황이었다. 그리고 이는 그 어떤 경험과도 바꿀 수 없는 특별한 순간을 선사해 주었으며, 향후 다른 전시를 관람할 에너지가 되어 주었다.

음악으로 먼저 듣고
미술에 반하다

파리 루브르 박물관에서 〈모나리자〉 관람을 거부했던 때로부터 시간이 흐르고 나에게 변화가 찾아왔다. 변화의 원인은 바로 '인상주의impressionism' 사조였다. 나는 이 사조에 심취해 인상주의 음악은 물론 인상주의 미술까지 찾아보며 높은 관심을 기울였다.

예술고등학교 재학 당시 나는 교과목 중 하나인 '음악감상'과 '향상음악회'와 같은 연주회 형태의 실기 과목을 통해 같은 반 친구들이 시험 곡으로 준비하는 다양한 시대, 다양한 악기의 악곡들을 접할 수 있었다. 그중에서도 인상주의의 대표적인 작곡가 클로드 드뷔시와 모리스 라벨의 몽환적인 분위기의 음악이 내 취향이라는 사실을 깨달았다.

나는 드뷔시의 '월광 소나타Clair de Lune'와 라벨의 '볼레로Bolero', '라발스La Valse', '치간느Tzigane' 등 인상주의 음악에 완전히 매료되어 인상주의 사조에 대한 이론을 찾아 공부했고, 당시 19세기 파리에서 활동했던 모네를 중심으로 한 인상주의 그룹 화가들의 작품과 그들의 삶에 관한 이야기에도 흥미를 느끼게 되었다.

이렇게 파리를 중심으로 한 프랑스 음악과 미술에

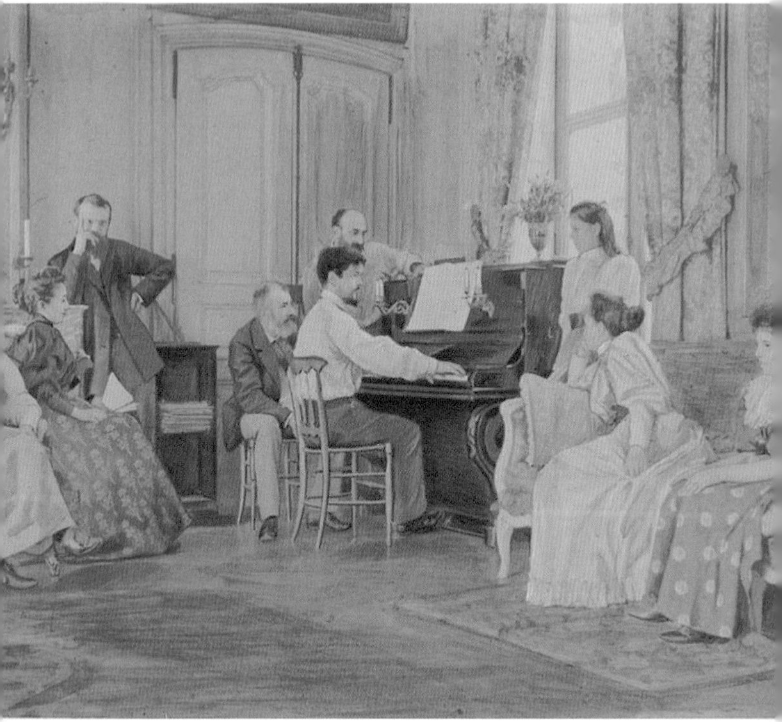

작곡가 에르네스트 쇼숑의 집에서 피아노 연주를 하고 있는 드뷔시와 그의 친구들

대한 나의 관심은 이전에 실제로 파리에 다녀온 경험이 결정적인 역할을 했다. 그리고 19세기 프랑스 인상주의의 몽환적이고 자유로운 음악과 미술 작품을 접하고 있노라면 입시로 인한 스트레스를 조금이나마 누그러뜨릴 수 있었다. 인상주의는 나에게 마치 신경 안정제 같았다.

도쿄에서 피어오른 모네의 수련들

재수 끝에 원하던 대학 입학을 앞둔 겨울 방학. 나는 도쿄로 여행을 떠났다. 시부야, 신주쿠 같은 잘 알려진 번화가도 여행 동선 안에 있었지만, 나는 우에노 공원에 꼭 가보고 싶었다. 아니, 정확히 말하면 우에노 공원 안에 있는 도쿄예술대학에 가보고 싶었다. 내가 입학을 앞둔 한국예술종합학교와 같은 일본의 국립 예술대학교는 어떤 곳일지 궁금했고, 그곳 학생들은 어떤 모습일지 호기심이 생겨서였다.

하지만 홀로 하는 해외여행과 복잡한 도쿄의 지하철 시스템이 익숙하지 않은 나에게 신오쿠보에서 시부야를 거쳐 우에노 공원으로 가는 길은 결코 만만하지 않았다. 우여곡절 끝에 우에노역에 내려 공원에 접어들었을 때, 나는 그 자유분방하고 젊음이 가득한 여유로운 분위기에 완전히 매료되었다.

아직도 그 풍경이 눈에 선하다. 주말이 다가오고 있는 금요일 오후, 힙합 패션의 스케이트보드를 타는 젊은 남자들과 일본 애니메이션 캐릭터를 따라 코스프레 분장을 한 사람들, 바이올린과 첼로 케이스를 매고 도란도란 이야기를 나누며 걸어가는 도쿄예술대 음대생으로 보이는 학생들까지. 널찍한 공원 곳곳에서 각자의 영혼을 반짝이며 시간을 즐기는 사람들의 모습을 보고 있자니 나도 덩달아 해방감이 느껴지는 듯한 기분이 들었다.

아티스틱한 에너지가 솟아나기 때문이었을까? 우에노 공원의 첫인상은 그간 도쿄 내 관광지나 도심에서 봤던 삭막하고 정신없는 분위기와는 사뭇 다른 싱그러운 분위기였다. 그렇게 나는 우에노 공원의 풍경에 매료되었고 그 자유로운 분위기에 푹 빠져 도쿄예술대학교 구경은 까맣게 잊어버린 채 정처 없이 공원을 거닐며 여유로운 오후 풍경을 눈에 담았다.

그렇게 한참 우에노 공원 곳곳을 돌아다니다 보니 내가 서 있는 곳은 익숙한 꽃 이미지가 프린팅된 거대한 현수막이 걸려있는 건물 앞이었다.

'도쿄도 미술관Tokyo Metropolitan Art Museum'

도쿄예술대에 가겠노라고 우에노 공원을 쏘다니며 발길 닿는 데로 걷다가 결국 내가 다다른 곳은 도쿄도 미술관이었다. 미술관 벽면을 뒤덮을 정도로 커다란 전시 홍보 플래카드의 작품은 바로 인상주의 대표적 작가 클로드 모네의 대표작 〈수련〉 이었다.

"모네의 〈수련〉이라니!"

반가운 마음에 행선지를 잠시 잊은 채 미술관 매표소로 달려갔다. 전시 관람을 할 수 있냐고 영어로 물어보는 나에게 일본어로 답변이 돌아왔다. 정확한 의미는 모르지만 대략 어떠한 연유로 원칙적으로는 티켓을 구매해야 하지만 지금은 무료로 관람할 수 있다는 내용이었던 것으로 추측된다.

영문도 모른 채, 한국에서도 본 적 없었던 모네의 수련 작품들을 일본에서, 그것도 우연히 들리게 된 미술관에서 무료로 볼 수 있게 되었다는 사실에 뛸 듯이 기뻤다. 그렇게 나는 도쿄의 우에노 공원에서 프랑스 지베르니에 있는 모네의 정원으로 걸어 들어갔다.

어두운 조명의 전시장 입구부터 모네의 손으로 우

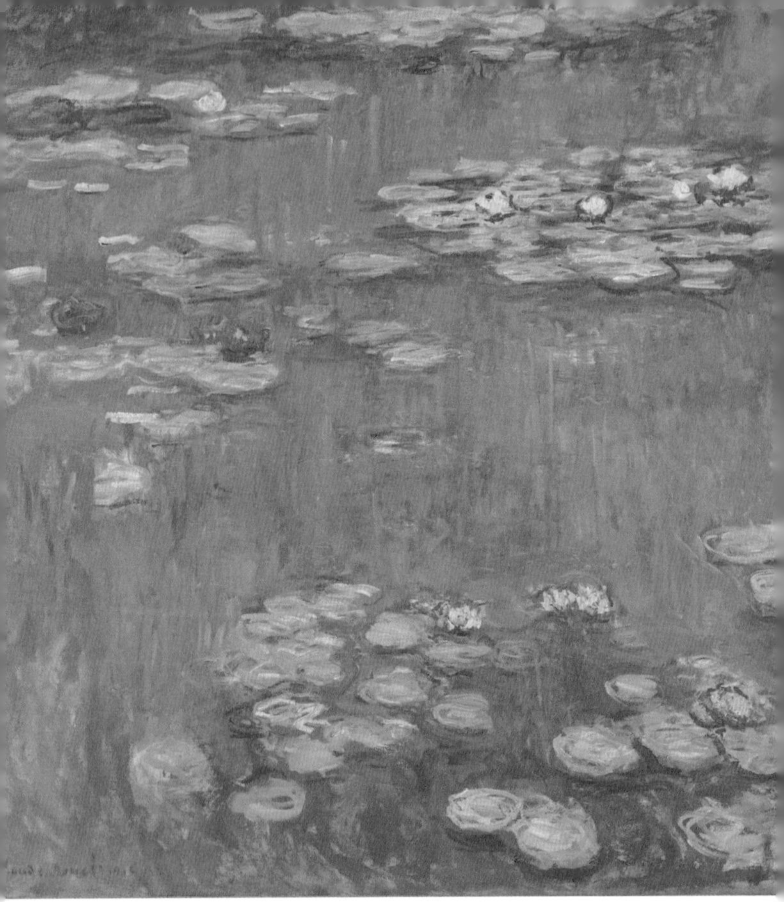

도쿄도 미술관이 소장한 클로드 모네의 <수련>

아하게 피워 낸 물 위의 꽃들에 둘러싸이는 환상적인 경험을 할 수 있었다. 실제로 모네의 지베르니 정원에는 모네가 직접 꽃 피운 수련들이 가득했고, 그는 그 아름다운 풍경을 다시 자신만의 인상주의 화풍으로 묘사했다. 전시는 완전히 모네에 의해 창조된 아름다움의 세계관을 엿보는 멋진 경험이었다. 마치 회화의 정원을 거니는 듯했다.

어둑어둑해지기 시작하는 늦은 오후. 마감을 앞둔 한산한 전시장에서 나 홀로 조용히 물에 떠 있는 수련 그림을 찬찬히 살펴보는 기분은 새벽녘에 일어나 시골길을 홀로 산책하는 것 같이 고요하고 신비롭기까지 했다. 나는 그렇게 벽에 대형 회화 작품들이 줄지어 나열된 몽환적인 전시장 분위기 속에서 공간과 작품이 어우러지는 풍경에 심취해 자아도취적 쾌감에 도달하는 경험을 할 수 있었다.

희망하던 대학에 합격한 예비 신입생이었던 19살의 내가 대학 입학 직전 즐거운 마음으로 일본 여행을 와서 우연히 도착한 곳이 공원 속 미술관 안의 정원이라니…. 정말 행복하고 환상적인 전개였다.

사소한 우연이 모인 '인상적 경험'

내가 우에노 공원을 방문한 것은 순전히 도쿄예술대학교를 구경하고 싶었기 때문이다. 사실 여행지에 가면 그 지역의 대학에 방문해 그 대학의 예술대학을 구경하는 것이 나만의 루틴이었다. 이외에도 여행지의 가장 큰 악기 상점에 꼭 들르는 편인데, 대형 악기 상점에 가면 악기를 구매하고자 하는 그 지역 연주가들의 시범 연주를 구경할 수 있는 묘미가 있기 때문이다.

하지만 우에노 공원의 자유로운 분위기에 푹 빠진 나는 목적지를 잠시 잊은 채 발길 닿는 대로 걷다가 우연히 미술관 앞을 지나게 되었다. 게다가 때마침 내가 좋아하는 인상주의 대표 화가 모네의 수련 시리즈 전시였다. 이렇게 내가 살면서 만들어간 수많은 우연들은 이런 피날레 공연 같은 추억을 선사하고자 준비되어진 것이 아닐까 하는 생각을 들게 한다.

만약 내가 이전에 인상주의 미술에 대한 이해도가 전혀 없었다면 과연 나는 이 전시를 보러 미술관에 들어갔을까? 아니, 아마도 그냥 지나쳤으리라 생각된다. 왜냐면 당시 나는 여전히 미술 자체에 대한 흥미가 아니라 인상주의 음악에 너무 심취한 나머지, 그것과 같은 사조로 분류되는 인상주의 미술에 관해서도 아주 얕게나마 알았던 수준이기 때문이다.

하지만 이렇게 곁다리로나마 관심이 있었던 인상주의 미술을, 혼자 공부하면서 책에서 스치듯 봤던 작품들을 실제로 보는 순간, 그 경험은 상상 이상의 에너지로 전시와 작품에 대한 관심도를 높이는 중요한 밑거름이 되었다. 결국, 얕게 알고 있다고 하더라도 그 분야의 폭이 넓어지면 우리가 경험할 수 있는 기분 좋은 우연 또한 더욱 다양해진다.

미대생 라이프를 동경한 예술경영학도

흐드러지게 핀 벚꽃과 따사로운 봄의 기운이 도시를 뒤덮어 내가 다니던 예술고등학교의 아름다운 정원에까지 도달할 때면, 나는 보통 수업에 집중하지 못하고 그저 멍하니 교실 창문 바깥을 바라보며 그 정취에 빠져들곤 했다. 그리고 그런 나를 보던 담임선생님은 이렇게 말씀하셨다.

"봄은 대학에 가도 온다."

중학교 때부터 특목고 입시를, 그리고 예술고등학교 때는 음악대학 입시를 준비했다. 입시로 10대를 시작하고 마무리한 뒤 음대 입학 후 자퇴 그리고 재수라는 험난한 입시 과정을 통해 가까스로 원하는 대학, 원하는 전공의 어엿한 대학 신입생이 되었다. 그런 나에게 봄이라는 계절은 마치 난생처음 겪어보는 듯한 환상적인 경험이자 손꼽아 기다려 온 꿈만 같은 시간이었다.

무엇보다도 예술경영으로 전공을 바꾸어 입학한 만큼 이제부터는 음악에만 국한되지 않고 예술 전반에 관심과 이해를 두고 다양한 예술 전공자 친구들을 만나면서 미래를 위한 큰 그림을 그리고자 했다. 그래서 나는 입시에 치여 그간 소극적으로 친교 활동을 했던 나를 버리고 학과 공부보다도 친교와 교내외 다양한 활동을 하기 시작했다. 열심히 새로운 환경에 나를 던져가며 다양한 예술 분야의 사람들을 만나기 위해 노력했고, 그 노력의 시작은 바로 교내 총학생회였다.

예술학교의 특성상 총학생회를 하면서 나는 다양한 예술을 전공하는 친구들을 만날 수 있었다. 물론 예고 시절에도 음악과, 미술과, 무용과 전공이 있어 타 전공 친구들과 함께 학교를 다녔다. 하지만 대학 입시를 위해 부단히 노력하던 고교 생활에서 타 전공 학생들과의 교류는 현실적으로 불가능에 가까웠다.

여러 친구를 만났지만, 그들 중에서 미술을 전공하는 친구들이 내 눈에 가장 멋져 보이고 자유로워 보였다. 조형예술, 디자인, 건축, 미술이론을 전공하는 친구들은 내가 이때까지 만났던 친구들과 모든 면에서 달랐다. 특히 그들 특유의 편안함과 세련된 감각이 나의 관심을 사로잡았다.

음악을 전공하면 실수 없이 곡 연주를 해야만 하므로 상대적으로 보통 사람들보다 청각적인 측면에서 매우 예민할 수밖에 없다. 특히 연주자 간의 경쟁은 겪어본 사람만이 아는 첨예한 신경전의 연속이다. 나는 이런 예민한 환경 속에 놓여있는 불안하고 겁많은 연주자였고, 무대 위 연주가 끝나면 타인의 평가와 시선으로부터 자유로울 수 없었다. 그래서 음악계에 몸담는 시간이 길어지면 길어질수록 시름만 깊어져 갔다. 그리고 이런 상태로 남은 삶을 버텨야 한다는 사실은 부담감과 피로감을 가중시켰다.

오랜 시간 심적으로 지쳐있던 내게 미술계 친구들은 외모와 사고방식 양면 모두 얽매이지 않은 자유로운 영혼을 가진 삶의 표본이었다. 그들은 존재 자체만으로 내가 전에 경험해 보지 못했던 자유로운 에너지가 느껴졌다. 지금까지 엄격히 따라야만 하는 통제된 삶을 살

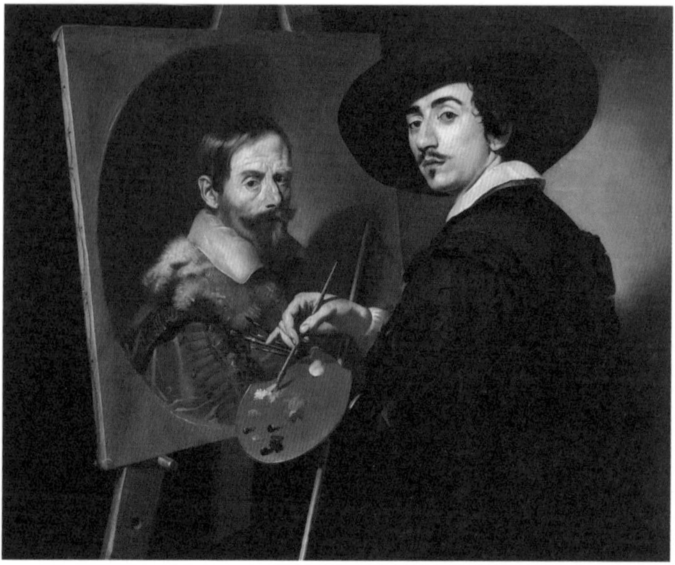

니콜라 레니에, <이젤이 있는 자화상>

던 나와는 다르게 무에서 유가 창조되는 삶을 살고 있었다. 조용한 작업실 안에서 자신만의 방식대로 작품 세계를 펼쳐나가며 모험을 즐기는 모습, 열린 생각으로 세상을 바라보는 예비 작가의 삶의 방식은 스무 살의 내가 지향하는 삶의 방식이었다. 어느덧 나는 그들의 모습을 동경하고 그들과 어울리고 싶다는 열망에 사로잡혔다. 그렇게 총학생회를 하면서 만난 미술 실기 전공 친구들과 어울렸고, 학기 말이 되자 어느덧 학교 곳곳에는 전시를 알리는 포스터가 붙기 시작했다.

"미술원 파운데이션 수업 학기 말 과제전"

'연주실기시험', '성적 우수자 전공생 음악회', '정기연주회'와 같은 학기 말 정기 공연만 알고 있던 나에게 기말 과제를 '전시'로 보여준다는 포스터는 낯설고도 흥미로웠다. 학기 말이 되면 한예종 미술원에서는 특정 교과목에서 진행한 수업 과제를 한 자리에서 전시할 뿐만 아니라, 학생들이 직접 자신의 작품에 관해서 관람객들에게 설명하는 편안하고도 적극적인 형태의 전시가 정기적으로 열렸다.

미술관에서 열리는 유명한 작가의 역사적인 명화 전시같은 엄청난 규모의 전시가 아닌, 아직 작가가 되

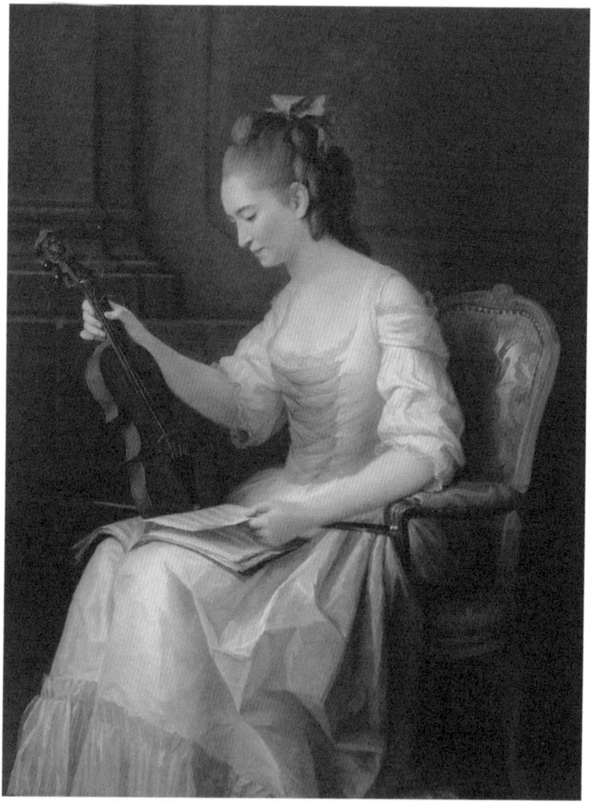

앤 밸래이어 코스터, <바이올리니스트의 초상화>

지 못한, 작가를 꿈꾸며 나아가는 '미대생'들의 작품 전시는 나의 흥미를 돋우기에 충분했다.

나는 총학생회에서 같이 일하는 디자인과 1학년 동기 친구의 초대로 과제전이라는 다소 생소한 이벤트를 관람하러 갔다. 미술관이 아닌 학교에서, 작가가 아닌 미대생들의. 즉 함께 학생회 일을 하면서 만난 친구들의 본업 실력을 볼 수 있다는 경험을 할 수 있다는 점이 낯설면서도 흥미로웠다.

"바이올린을 만들었다고? 골판지로?"

나는 내 귀를 의심했다. 그들의 수업 과제는 바로 '골판지로 바이올린 만들기'였다. 예술경영으로 전공을 바꿔 입학한 지 겨우 3개월 남짓. 여전히 나는 음악의 시점으로 바라보는 것이 익숙했다. 수업시간에 접하는 뮤지컬, 미술, 무용, 연극 등 그 어떤 것이든지 음악이나 바이올린의 맥락에서 생각해보는 습관이 남아 있었다. 그런 와중에 친구들이 과제로 바이올린을 만들었다니! 정말 반갑게 느껴졌다.

골판지라는 소재의 구조적 특징을 살리며 바이올린이라는 악기가 갖는 특징을 각자의 고유한 창작력을 총동원해 자유롭게 구현한 작품이 1백 점 넘게 전시된 진풍경이 눈앞에 펼쳐졌다. 정말이지, 평생 잊을 수 없는 인상적인 장면이었다.

각양각색의 바이올린들이 끝없이 펼쳐져 있었지만, 나에게 흥미롭게 다가왔던 작품은 바이올린의 소리나 악기 자체에 대한 인상을 추상적으로 표현한 작품들이었다. 내 삶의 대부분을 함께 해온 이 악기가 누군가에게는 저렇게 다가왔구나 하고 깨닫는 과정에서 사람마다 생각하는 것이 이렇게 다르다는 걸 알 수 있었다. 그래서 전시는 더욱 흥미로웠다.

한편으론 참신한 생각을 하면서 살아가는 창의적인 예술가들이 이렇게 많다는 사실이 새삼 감동적으로 다가왔다. 자신이 밤낮으로 고민하고 완성한 작품을 진지하게 설명하고, 작품 의도를 소신껏 소개하는 미술전공 친구들의 모습은 근사하고 멋졌다. 어엿한 젊은 작가 그 자체였다. 그간 학생회에서 회의하고, 축제를 기획하면서 밤낮으로 같이 일하던 모습의 친구는 온데간데없었다.

물론 아직 학생 수준의 작품이었지만, 그 어떤 유명한 작가의 전시보다 신선하고 활기찼다. 전시장 풍경은 나를 완전히 매료시켰고, 이후 나는 학교를 다니는 내내 매 학기 과제전은 물론 졸업 전시를 일일이 찾아다니며 미술원 친구들의 작품을 열심히 관람했다. 이 경험은 회화라는 매체에 국한된 것이 아닌, 영상·조각·설치·퍼포먼스 등 다양한 형태로 제작된 작품들과 만나는 중요한 기회가 되었다.

나는 은연중 이런 전시 환경에서 작가들과 어울려 작품을 주제로 토론하는 나의 모습을 그려보았다. 작가들과 함께 전시에 출품된 작품, 혹은 예술에 대해 밤새 진지하게 토론하고, 함께 새로운 전시를 만들어가는 모습을 상상하는 것만으로도 뿌듯해졌다. 그렇게 나는 미술계에서 종횡무진으로 활동하며 작가들과 어울리는 미래를 하루하루 구체적으로 그려가며 학부 생활을 보냈다.

'무無'에서 '유有'가 창조되는 공간

"내일까지 과제 제출해야 해서 잠시 작업실에 들렀다가 가야 해!"

나는 점차 미대생 친구들의 일상에 스며들었는데, 그들의 일상에서 나를 가장 흥미롭게 만든 건 다름 아닌 작업실 풍경이었다. 음악, 무용, 연기 전공자들이 보

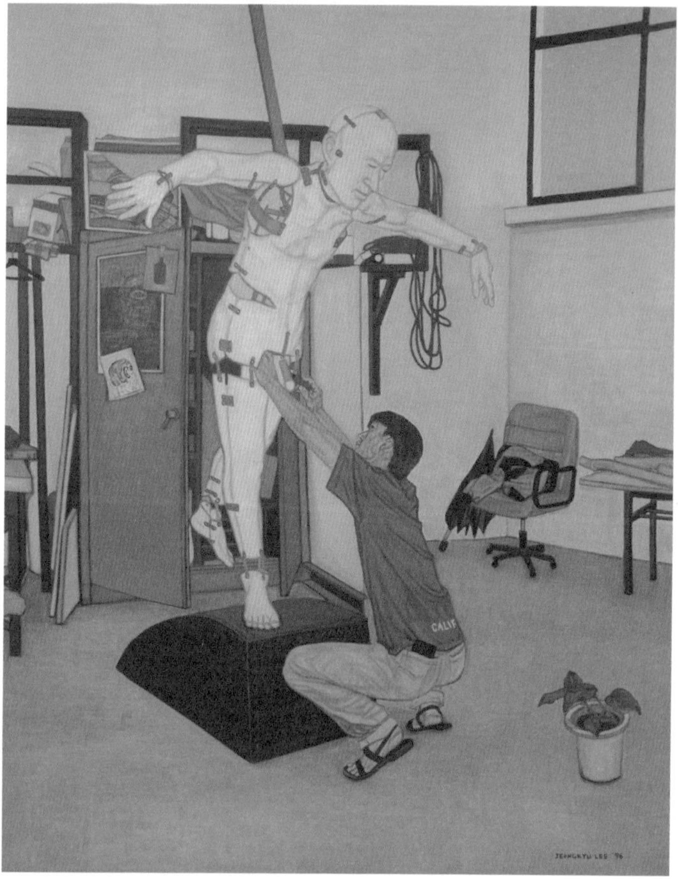

이정규, <창조 놀이>

통 연습실에서 온종일 시간을 보내며 어제보다 나아진 자신을 목표로 땀을 흘리며 연습을 한다면, 미술전공생들은 주어진 자신의 작업실에서 같은 과 동기들과 대부분의 시간을 동고동락하며 작업 활동을 하고 있었다.

미술전공생 친구의 초대로 처음 실기 작업실에 방문했을 때 시각은 오후 11시 남짓이었다. 학생회 회의를 마치고, 학교 앞에서 간단히 저녁을 먹고 술을 한잔 마신 뒤 내일 제출할 과제 마무리를 해야 한다는 친구를 따라 처음으로 '미대생의 작업실'에 방문했다. 놀랍게도 그 늦은 시간에도 10명 남짓 되는 학생들이 작업실에 남아 작품 과제에 몰두하고 있었다. 각자의 책상에 앉아서 작품과 씨름하느라 피곤에 찌든 모습을 보고 있자니 왠지 모르게 이것이 바로 미대생의 생활이라는 생각이 들었다.

"이 시간까지 집에도 안 가는 거야? 다들?"

"저기 뒤에 간이침대 보이지? 다들 저거 하나 갖고 들어와서 작업실에서 먹고 자면서 과제 해."

언제나 깨끗한 전시장에 걸려있는 완성된 작품만 보다가 작업실에 간이침대가 있어야만 돌아가는 미대생들의 사투를 보고 있자니, 무엇이든 멋지고 근사한

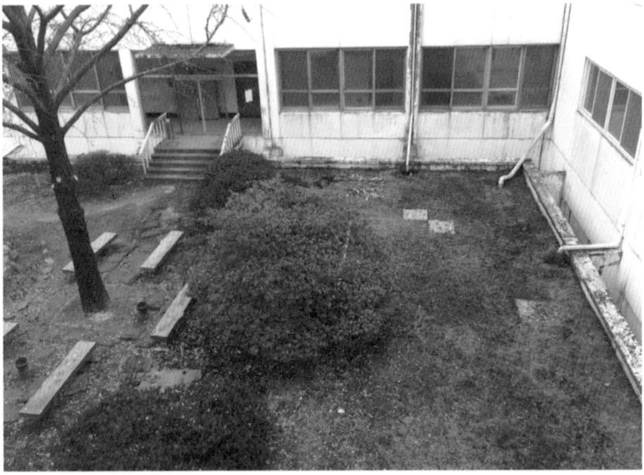

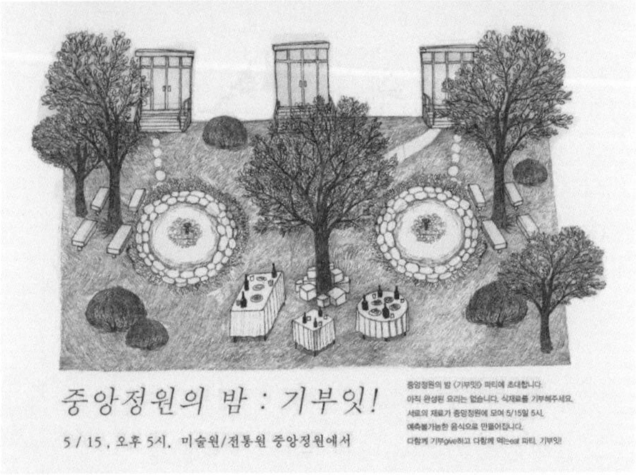

한국예술종합학교 미술원 건물 중앙에 있는 중앙 정원(속칭 중정) 풍경. 대부분의 미술원 학생들은 이곳에서 강의 전후 혹은 중간 쉬는 시간에 잠시 머물며 휴식을 취한다. 미술이론과 대학원 재학 시절, 식재료를 기부하고 참여자들이 직접 만들어 먹고 즐기는 파티 형태의 퍼포먼스 전시를 기획해서 진행한 적이 있었다. 개인적으로 힘든 대학원 생활에서 가장 행복했던 추억이 담긴 장소이다.

결과물 뒤에는 늘 이렇게 노력하고 고뇌하는 과정이 있다는 걸 새삼 깨달았다. 나는 진심으로 그들의 고민과 도전을 응원하게 되었다.

작업실에선 작업만 이루어지는 게 아니었다. 고민 많고 서툰 것투성인 20대 초반의 대학 신입생들은 늦은 밤 피곤에 절어 각자의 고민을 안고 서로에게 심적으로 의지하거나 같이 야식을 먹으러 나가기도 했다. 그러면서 술 한잔 걸치며 작품에 대해, 예술에 대해 밤새 토론하다 다시 작업실로 돌아와 과제를 하면서 잊지 못할 청춘의 시간을 보냈다. 이 모든 것의 배경이 바로 미대생의 작업실이다.

독방 연습실에 틀어박혀서 거울을 바라보며 기나긴 시간 동안 홀로 연습을 하는 음악 연습실 풍경과는 확실히 다르다. 선택의 여지가 없이 어우러짐이 펼쳐지는 미대생의 작업실에서, 나는 무에서 유를 창조하는 작가 생활의 매력에 푹 빠져버렸다.

"머릿속 아이디어를 현실로 구현할 수 있는 멋진 사람들에게 둘러싸여 함께 일을 한다면, 그게 어떤 일이든 정말 좋은 에너지를 받아 나도 열심히 할 수 있을 것 같아!"

나는 작품 활동을 하는 미대생 친구들에게 예술경영을 전공하는 친구로서, 그리고 예술계의 동료로서 어떠한 형태로든 힘이 되어 주는 존재가 되고 싶었다. 그리고 이 소망은 머지않아 수많은 미술관과 갤러리, 경매회사 인턴십의 문을 열어준 힘이 되었고, 미술이론 전공으로 대학원을 진학하게 된 결정적인 계기가 되었다.

결심했어,
미술계의 일원이 되기로!

미대생 친구들과 어울려 다니다 보니 나는 미술계의 일원이 되고 싶다는 생각에 완전히 사로잡혔고, 미술작가들과 어우러지는 삶을 그리기 시작했다. 9살 때부터 19살까지 나는 주어진 곡을 익히고, 이해하고, 작곡자의 의도를 파악하고, 그 의도를 나의 시점에서 재해석해 표현하는 연주자의 포지션에서만 예술 작품을 이해하고 구현했다. 그런 내가 앞으로 미술계에서 일할 수 있다면 얼마나 좋을까?

음악은 보통 작곡가가 만든 악보를 가지고 작곡가의 의도를 최대한 잘 반영하는 동시에 자신만의 음악적 테크닉과 개인적 해석을 만들어가며 하나의 연주곡을 완성해간다. 여기서 학생 신분 연주자의 연주일 경우 개인적 해석은 일반적으로 극히 드물게 반영되며, 프로연주자라고 해도 매우 제한적으로 반영하는 것이 보통이다.

이런 음악의 생산과 구현의 과정과 미술 작품이 탄생하는 과정을 비교해 볼 때, 작가는 작곡가의 역할을 해 작품을 구상하고 현실에 구현하는 역할을 한다. 그리고 그렇게 탄생한 작품은 비평가나 전시기획자, 결과적으로 범 관람자 영역에 속하는 이들에 의해 미술사의 맥락에서 해석되거나 혹은 아주 자유로운 개인적 해석마저 가능해진다.

작가의 의도 보다도 수용자인 관람객, 비평가, 미술사학자, 전시기획자의 해석이 더욱 중요해진 근현대 미술작품 혹은 전시는 수용자의 역할이 작가만큼이나 큰 영향력을 갖는다. 작곡가가 작가의 역할을, 연주자가 수용자의 역할을 하는 것을 볼 때, 이런 해석에 대한 참여의 자율성이 바로 음악, 정확히는 클래식 음악과 순수미술이 가지는 큰 차이가 아닐까 싶다.

이렇게 음악과 미술을 비교하면서 내가 있어야 할 이상적인 자리가 과연 어디일지 곰곰이 생각했다. 그리고 전시회장에서 자신의 작품을 설명하는 작가들의 모습을 보면서, 알고 있는 사실을 아주 멋지게 전달하고 싶다는 열망에 사로잡혔다. '하고 싶다' 정도가 아니라 꼭 쟁취하고 싶은 욕망처럼 커졌다.

작품은 어떤 배경에서 구상될까? 작가는 어떤 영감을 받아서, 왜 이런 형식으로 표현했을까? 작가조차 모르고 있었던 해석의 여지가 없을까? 예술의 큰 범주에서 작가가 살던 시대적 배경과 어떻게 결부되어 있을까? 작가의 아이디어를 담은 작품이 절대적으로 독보적이면서도 인류 보편적 시대 정서에 대한 공감의 산물일까?

이런 것들을 탐구하고 밝혀내 작품의 의미를 더욱 폭넓게 이해하고 대중에게 전달하는 역할을 하는 사람, 그러니까 일종의 '미술계의 연주자'가 되고 싶어졌다.

그리고 나는 이제 이전과는 다른 관람자가 되기로 결심했다. '작품을 이해하고, 잘 설명할 줄 아는 관람자'가 내가 바라는 꿈이자 목표가 되었다. 예술경영을 공부하면서 잠시 휴식을 취하고 있던 내 열정에 '미술'이라는 욕망의 불씨가 지펴지자 곧 활화산처럼 들끓어 댔다. 나는 이렇게 '미술이라는 예술'에 대한 욕망에 사로잡혔다. 그리고 그 열망은 15년 넘는 기간 동안 꾸준하게 유지되었다. 그렇게 나는 미술 무관심자에서 전시 관람자, 미술 애호가를 지나 미술 이론을 공부하는 학생으로 한 걸음 도약할 수 있었다.

두 번째 발자국

미술이론 세계의 문을 두드리다

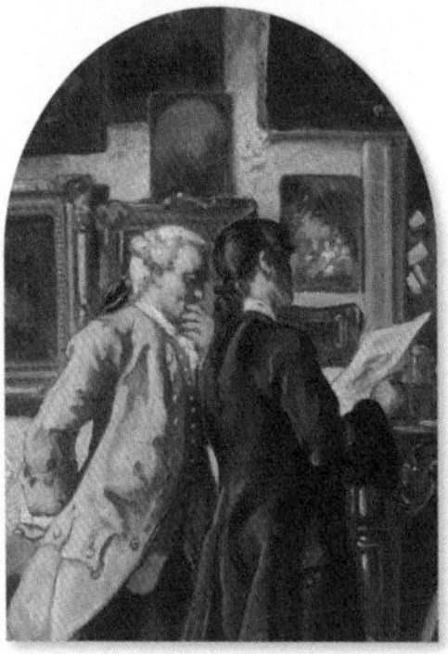

'미술품 감정'의 시선으로 미술계를 바라보다

"그럼 미술이론과 수업을 들어보지 그래? 내가 수업 같이 들으면서 모르는 부분 있으면 도와줄게! '미술품 감정학' 어때?"

예술경영과 3학년이었던 내가 처음으로 들었던 미술원 미술이론과 수업은 미술품 감정학 수업이었다. 내가 미술 분야에 호기심이 많다는 것을 알아차린 미술이론과 친구가 추천한 수업이었다.

우연인지 필연인지 직전 여름 방학 때 미술품 경매회사에서 인턴 생활을 했다. 국내 미술품 시장과 그곳의 작품 감정 과정을 직접 목격했고 안전하고 신뢰할 수 있는 미술품 감정 시스템의 필요성을 느끼고 있었던 상황에 이 제의는 나에게 거부할 수 없는 유혹 같았다.

그러나 '감정학'이라는 분야는 다소 생소하기도 했고, 전문 분야라고 느껴져 나 같은 초보 미술 애호가가 수강하기엔 내용이 너무 어렵지 않을까 걱정이 앞섰다. 하지만 이 감정 체계의 시점에서 미술계를 먼저 이해하고 바라보게 되면서 올바른 작품 가치 평가가 얼마나 중요한 요소인지, 그리고 신뢰할 수 있는 가치 평가 기준을 마련하기 위해 어떠한 제도적 정비를 해야 하는지에 대한 사실을 알게 되었다.

결과적으로 미술품 감정학 수업을 통해 이전과는 완전히 다른 시점, 즉 신뢰 유지를 위한 제도와 체계의 시점에서 현재의 미술계와 미술품 감정 제도를 비판적으로 바라볼 수 있게 되었다. 게다가 이후 미술계에서 활동하며 합리적인 작품의 가치, 가격 등을 평가하는 기준이 되어 주었다. 미술사 수업이 아닌, 미술품 감정학 수업을 먼저 들음으로 인해 나에겐 미술 시장의 주요 근간이 되는 작품 감정에 대한 인사이트가 먼저 형성되는 중요한 계기가 되었다.

미술품 경매회사에서의 짧지만 강렬했던 인턴 경

험은 미술 개념이 작가의 머릿속에서 나와 작품이 되고, 작업실 문밖을 나가 전시장에서 전시가 되고, 또 판매되어 새로운 소장자를 만나게 되는 과정을 직접 보는 좋은 기회였다. 작품의 가치 판단, 가격 책정, 그리고 진위 여부가 미술 산업 전반에 얼마나 중요한 이슈인지 깨달을 수 있었다.

"오늘 오후에는 인사동에 갈 일정이 있어요."

2009년 늦여름 경매회사 인턴이었던 나는 수장고에서 다음 달에 있을 가을 메이저 경매를 준비하고 있었다. 매일같이 이우환, 김환기, 오윤, 이동기 같은 한국 근현대 블루칩 작가들의 작품들에 둘러싸여 온종일 작품을 옮기거나, 경매 카탈로그에 실을 작품 사진 촬영을 보조하거나, 카탈로그에 들어갈 작품 설명으로 삽입할 레퍼런스들을 찾으며 바쁜 날들을 보내고 있었다.

그러던 중 나는 경매에 출품될 작고한 국내 원로 작가의 작품 진품 보증 서명을 받으러 작가의 가족이 운영하는 인사동 갤러리에 찾아갈 일이 있었다. 그 과정을 통해 작가 가족의 증언과 보증에 의존한 진품 확인의 과정을 목격하게 되었다. 그리고 그날 유족의 보증에 의한 진품 확인 인증은 이후 인턴을 그만두는 날까

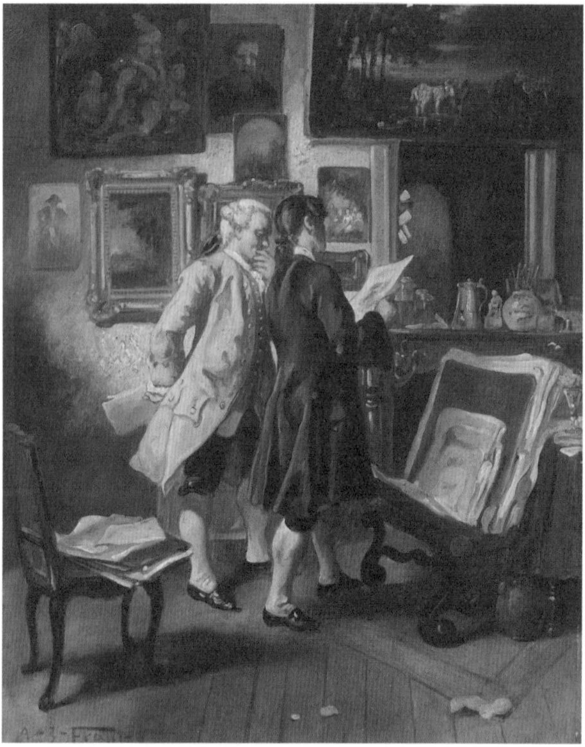

앨버트 조셉 프랑케, <골동품 딜러>

지 '만약'이라는 의구심을 갖게 했다.

물론 작고 작가의 가족이 작가의 모든 작품에 대해 충분히 진품 보증을 할 수 있을 만큼 작품에 대해서 높은 이해도를 가지고 있다면 전혀 문제가 될 일이 없을 것이다. 그러나 전작 도록Catalogue Raisonné 같은 참고문헌 대조 과정 없이 유족의 증언과 보증에만 의존하는 우리나라의 감정 관행은 다소 허술하다는 인상을 지울 수 없었다.

또한 고미술 감정 과정에서 발생하는 생각보다 높은 작품 감정 비용은 나를 어떠한 상념에 잠기게 했다. 경매를 통해 얻게 된 회사의 이익과 작품 감정을 위한 전문가 섭외비 중 감정비가 더 크게 발생할 경우, 상업적 이익을 추구해야 하는 회사는 과연 손해를 감수하면서까지 전문가에게 감정받을 필요성을 느낄까?

아직 문외한이나 마찬가지였던 나에게조차 육안감식에만 의존할 수밖에 없는 국내 미술품 감정 체계의 한계가 느껴졌다.

작고한 작가의 값비싼 작품을 구매하는 과정에서 경매회사가 제시하는 작품 감정에만 무조건 의존할 수밖에 없다는 사실이 어찌 보면 참으로 위태로운 것이 아닌가 생각됐다.

신빙성 있는 근거를 기준으로 판별하는 전문가의

작품 감정 결과를 불신한다는 의미가 아니다. 하지만 선택은 결국 구매자가 하는 것이다. 개인적 취향을 떠나 작품의 진위, 작가와 작품의 미술사적 가치, 그리고 재판매할 수 있는 시장 형성의 여부 등에 관한 결과를 오롯이 떠안는 것은 구매자이기 때문이다.

이런 상황에서 미술품 감정학 수업을 통해 접한 해외 미술계의 체계적인 감정 시스템은 놀라웠다. 이미 오래전부터 미술품 감정 시스템이 정립되어 온 프랑스·영국·미국·일본의 과학감정과 감정사를 양성하는 전문 교육 기관의 운영. 그리고 실제로 위작 스캔들이 일어났을 때 명확한 판단을 위한 미술품 감정 및 감식 전문가 집단으로 이뤄진 경찰 조직 내 미술품 전담 수사 시스템 등. 이전엔 생각조차 하지 못했던 미술품 감정과 진위 판별 체계를 공부하니 미술 시장의 근간이 되는 본질적인 감정 시스템 구축의 중요성을 느끼게 되었다.

무엇보다도 작품이 위작으로 밝혀질 경우, 판매 과정에서 실추된 작품 진위 판별 시스템 이슈가 미술 산업 전반에 미치는 부정적인 영향이 얼마나 큰지 국내외 여러 사례를 통해서 알게 되었다. 정확한 감정은 건강하고 신뢰할 수 있는 미술 생태계를 구성하는 데 결정적인 영향을 주는 요소다. 유명 작가의 작품이 알고 보니 위작이었다는 사실이 밝혀질 경우, 미술 시장에서 해당 작가의 작품 진위에 의심이 커지고 소비심리의 위축으로 이어져 시장을 얼어붙게 만들 수 있기 때문이다.

'사는 사람'이 될 것인가, '파는 사람'이 될 것인가?

경매회사의 인턴 경험 이후 내겐 하나의 중요한 고민이 생겼다.

"나는 그림을 파는 사람이 되고 싶은 것인가, 사는 사람이 되고 싶은 것인가?"

마치 햄릿의 고민같이, 내가 미술계 속에서 궁극적으로 지향하는 바가 무엇인지 머릿속을 가득 채웠다. 그리고 이 질문에 대한 답을 얻기 위해서는 왜 내가 미술계에 들어왔는지에 대한 답을 먼저 내려야만 했다. 나는 개인이 소장할 수 있는 가장 높은 형태의 예술이자, 내 공간을 물리적으로 채워 시각적으로 새로운 감상과 감성, 분위기를 연출하는 미술 작품이 좋았다.

이때 나의 욕망을 깨달았다. 나에겐 결국 '소유할 수 있는 예술'이라는 것이 중요했다. 즉 궁극적으로 그림을 사는 사람이 되고 싶었다. 더 정확히는 좋은 작품을 안전하고 합리적인 가격대에서 구매하는 컬렉터가 되고 싶었다. 그리고 훗날 내가 컬렉터가 된다면 스스로 전문 감정가 수준의 식별 능력을 갖춰 위작을 구매하거나 작품 가치가 낮은 작품을 웃돈 주고 사지 않으리라 다짐을 했다.

그렇다면 어떻게 작품의 가치를 판단할 것인가? 나는 나를 위해서, 그리고 넓게는 미술계를 위해서 미술사를 제대로 이해하고 작품을 가치에 따라 선별할 수 있는 능력을 길러야 한다는 결론에 도달했다. 이제부터는 전시를 통해 작품을 단순히 감상하는 것에 그치는 것이 아니라, 작품을 스스로 분석하고 작품 자체의 우수함과 독창성을 객관적인 지표를 통해 독자적으로 판단할 수 있는 연구자이자, 감식가가 되겠다고 결심했다.

심층적인 공부를 통해 심미안과 감식안을 길러 스스로 작품을 선별하고 평가해 작품이 갖는 가치를 주체적으로 판별하고 책임지는 사람이 되기 위한 나의 노력은 나를 관람자에서 미술이론을 공부하는 학생이자 연구자로 한 걸음 내딛게 했다.

미술이론의 세계에 오신 것을 환영합니다

한국 근현대 미술품 경매 시장을 주제로 논문을 쓰고 예술경영과 학부를 졸업한 나는 바로 미술원 미술이론과 대학원 과정에 진학했지만, 그 첫 학기는 처참한 내 위치를 깨닫게 된 시기이기도 했다. 앞이 캄캄했다. 사실 학부생 시절, 서점과 도서관을 오가며 미술사 관련 책도 많이 읽었고 전시도 두루두루 살펴보며 미술관과 미술품 경매회사에서도 업무 경험을 쌓은 나였다. 때문에 미술이론과 대학원에서의 첫 학기 초반의 나는 패기 넘치는 자세로 시작할 수 있었다.

개강 후 한 달 남짓 되던 어느 날이었다. '미술사 방법론' 수업시간에 교과서로 쓰인 예술과 환영Art and Illusion에 언급된 표현 하나가 내 가슴에 훅하고 꽂혔다.

"Fundamentally WRONG!(완전히 틀렸다!)"

그건 미술사의 아버지라 불리는 에른스트 곰브리치가 나에게 한 강력한 경고 같았다. 미술사에 대해서 이제 알 만큼은 안다고 자신만만했던 나의 실상은 사실 허울뿐이었다는 생각이 들었다. 수업시간마다 상당한 양의 과제와 따라가기만도 버거운 수업 내용. 게다가 영어 원문 논문을 기반으로 한 발표와 동서고금을 망라해 한자와 프랑스어가 난무하는 미술이론 세계의 초입에서 나는 자신감이 사라진 채 초조함과 부담감이 연속되는 하루하루를 보내야 했다. 그간 알량한 지식을 가지고 알고 있다고 착각하고 있었다는 생각에 부끄러움마저 느껴졌다.

하지만 동시에 새로 접한 방대한 양의 지식을 기반으로 전에 없던 새로운 시각으로 미술을 바라보는 나를 발견할 수 있었다. 미지의 세계에서 얻은 깨달음이 주는 즐거움. 마치 스펀지가 물을 빨아들이듯, 지식을 내 안으로 집어넣기 바빴다. 학교 도서관에 틀어박혀 미술사 책과 관련 연구 논문을 쌓아두고 끝없이 읽고 생각하고 정리하면서 빨리, 더 많이, 미술에 관한 것들에 대해서 알고 싶었다.

특히 논문을 읽고, 이해하고, 연구자의 주장을 비판적으로 검토하면서 문제를 제기하고, 이를 같은 수업 듣는 학우들과 함께 몇 시간씩 토론하면서 답을 찾아가는 과정은 내 안에 잠자고 있었던 창의력과 추리 능력을 깨워 그 어떤 때 보다 정신이 맑아지고 또렷해지는 놀라운 경험을 선사해주었다. 나는 그 어떤 시대, 작가, 작품을 보더라도 모두 해석하고 설명할 수 있는 그런 사람이 되고 싶었으며, 동서고금에 걸쳐 산발적으로 널려있는 미술이론의 매커니즘을 하루빨리 깨닫기 위해, 마치 경주마가 질주하듯이 공부했다.

“저는 정말이지, 살면서 이 세상에 대한 것들에 정말 너무나도 많은 궁금증이 있었는데요. 미술이론을 공부해보니, 세상에 그간 제가 궁금했던 모든 문제들에 대한 답이 여기에 다 있었던 거 있죠!”

미술이론과에서의 첫 학기가 끝난 여름 방학, 예술경영과 학부 시절 은사님을 찾아뵈었던 내가 얼마나 만족스러운 대학원 첫 학기를 보냈는지, 재잘거리며 들뜬 목소리로 드렸던 말이다.

공부가 어렵고 공부해야 할 양이 많은 데다 졸업은 더 어렵기로 교내에서도 소문이 자자한 미술이론과였기에 갈 길이 험할 것이라고 진심 어린 걱정을 해주셨던 은사님은 나의 이런 반응에 매우 기뻐하시며 격려해주셨다. 미술이론의 세계를 이해하기까지 갈 길이 멀다는 것이 너무 훤히 보여 두려우면서도 동시에 그 먼 길을 열심히 공부하면서 꼭 가고 싶다는 의지에 불타오르는, 그런 감정들이 교차했던 대학원 첫 학기였다.

망치질하는 작가

"혹시 안국동에 있는 학교 갤러리에서 한 학기간 인턴으로 일해 볼 생각 있어요?"

어느 날 미술이론과 조교실에서 걸려 온 전화 한 통. 나는 미술관, 신문사, 경매사 등 다양한 곳에서의 경험이 있었지만, 아직 갤러리에서의 경험은 없었다. 그래서 이 제안이 매우 흥미롭게 다가왔다. 하지만 아직 첫 학기라 학과목 수업에 완전히 적응하지도 못해 인턴 생활이 안 그래도 빡빡한 학과 생활에 지장을 주면 어쩌나 걱정이 앞섰다. 그래도 재미있는 경험이자 용돈 벌이라도 할 수 있을 것이라는 판단에 흔쾌히 그 제안을 받아들이고 곧바로 갤러리 근무를 시작했다.

"오늘부터 매주 조형예술과 전문사(석사) 졸업 전시가 릴레이로 두 달 동안 진행될 거에요."

학교 갤러리 큐레이터였던 대학원 선배가 처음으로 맡게 될 전시에 대해서 알려주었다. 보통 전시 오픈 전 설치 기간에 작품을 설치하는 작가들을 보조하고 전시 설치가 끝난 뒤에는 기록용 사진을 촬영한 뒤 전시 오프닝날 사용할 다과나 전시 리플렛을 준비하는 것, 그리고 그 이외의 전시 운영 기간에는 전시된 작품을 관리하고 관람객들을 응대하거나 작품 관람에 주의를 주는 일이 내 주요 업무 내용이었다.

졸업 전시를 위한 작품 설치 당일, 처음 접해보는 전시장 풍경은 실로 충격이었다. 그전까진 설치가 완료되고 깔끔하게 정돈된 공간에서 차분하게 작품들을 감상하는 것에나 관심을 가졌지, 이를 위해 흡사 공사장을 연상케 하는 설치 과정이 수반된다는 건 상상조차 하지 못했었다. 한 번의 전시에 약 5~6명이 자신의 작품을 전시하는 졸업 전시였기 때문에 회화, 설치, 영상 등 다양한 매체의 작품을 전시 오픈 전날 동시다발적으로 설치해야만 했다. 그렇게 30평 남짓 되는 지하 전시 공간은 온갖 설치 도구들과 작품을 포장했던 포장재들로 장사진을 이뤘다. 설치할 작품들과 전동 드릴, 망치와 못, 수평계와 마스킹 테이프가 굴러다니는 작품 설치 풍경은 나에게 신선한 충격으로 다가왔다.

"지금 벽에다 드릴로 못을 박으려고 하는데요, 좀 시끄러울 수도 있어요!"

"네? 작가님께서 못을 직접 박으신다고요?"

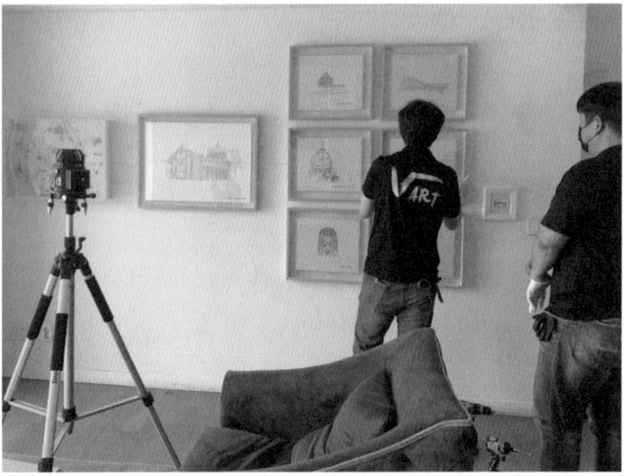

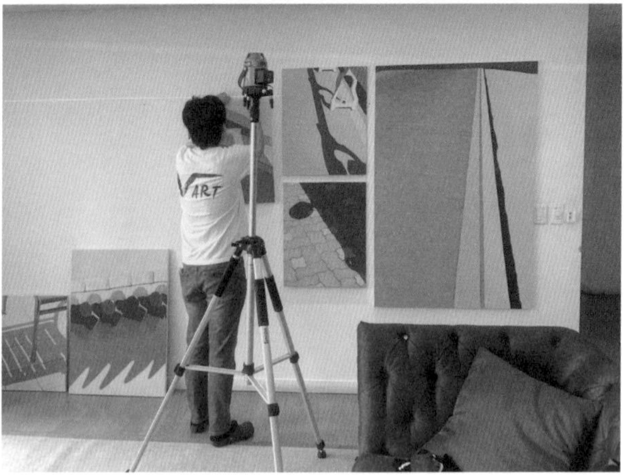

한남동 유엔빌리지의 '메종 한남' 라운지 공간에서 진행했던 전시 프로젝트 "Salle des Peintures(그림의 방, 2022)"에 참여한 이세정 작가(위)와, 이현우(아래) 작가의 작품 설치 풍경.

연주회 직전까지 손을 보호하고자 예민해지는 분위기의 음악계 사람들이 전시 설치현장 속 작가들의 모습을 본다면 나와 같이 놀라지 않을까? 정말 직접 망치질을 하실 거냐고 되묻는 내게 작가는 '그럼 대체 누가 해주죠?'라는 듯한 표정으로 날 바라봤다.

물론 전시 상황에 따라 작가가 작품을 직접 설치하지 않고 미술품 운송과 설치를 대행해주는 업체가 진행하는 경우도 있다. 하지만 이 전시는 미대생, 즉 학생들의 졸업 전시였고 출품하는 작품 또한 인당 한 점에 불과했기 때문에 학생들이 정해진 작품 설치일에 와서 직접 설치했다.

나는 혼자서 호기롭게 벽에 대형 회화 작품을 걸 준비를 하는 작가를 보조하려 그녀의 옆에 서서 손에 못을 쥐고 대기하고 있었다.

"지이이이잉-"

드릴에 고정된 나사못이 벽면을 뚫고 들어가는 소리가 전시장 안에 울려 퍼지기 시작했다. 작가는 작업복 차림에 두 팔을 걷어 올린 채 전동 드릴을 한 손에 움켜쥐고 벽면에 미리 표시해 둔 지점에 거침없이 못을 박기 시작했다.

나는 어안이 벙벙해졌다. 키도 작고 몸은 나보다 더 마른 가녀린 여자 작가였는데, 이런 일은 아무것도 아니라는 듯 척척 작품 설치를 해내는 모습이 정말 멋져 보였다. 누군가의 도움 없이도 오롯이 자신의 전시를 준비하는 모습이 독립적이고도 혼자 무슨 일이든 다 해낼 수 있어 보여 인상적이었다.

과연 나라면 저 과정을 혼자 해낼 수 있을까? 내 머릿속 생각들과 놀라운 감정들을 아는지 모르는지, 작가들은 지하 전시 공간 벽면에 달라붙어 각자 자신의 작품 설치에 여념이 없었다. 정신없는 전시 작품 설치현장 속에서 나는 다시 한번 작가들을 진심으로 응원하게 되었다. 그리고 나 또한 전시 공간에서 열심히 망치질하는 자신을 발견하기까지 그리 오래 걸리지 않았다.

고즈넉? 사실은 좌충우돌!

"작가님, 정말 죄송한데요, 오늘 단체 관람을 하러 온 학생들이 작가님 작품에 사용된 사탕을 까서 먹어버렸네요. 어쩌죠?"

"오늘 아침에 출근해서 갤러리 문을 열려고 했더니

문이 열려있어요. CCTV를 확인했더니 어제 자정 너머 어떤 여자분이 관리인에게 갤러리 직원이라고 속이고 갤러리에 문을 따고 들어가 의자에 앉아 작품을 한참을 보고 갔더라고요. 다행히 작품이 훼손되거나 분실된 것은 전혀 없어서….”

전시가 시작되면 때때로 전혀 예상하지 못한 문제 상황이 일어나기도 한다. 벽면에 작품을 고정하는 접착제가 떨어지거나, 영상 작품의 디스플레이에 에러가 생기는 등 작품에 문제가 생기면 곧바로 작가에게 연락해 문제 해결책을 찾는 것 또한 전시장 지킴이의 주요 업무 중 하나이다.

하지만 때때로 관람객에 의한 작품 파손 혹은 훼손이 일어나면 문제가 심각해진다. 특히 연령대가 많이 어린 친구들이나 청소년 관람객이 이런 사고와 관련된 경우가 많은데, 놀라운 사실은 보호자가 이 행동의 심각성을 전혀 인지하지 못하고 있는 경우가 비일비재하다는 것이다. 아니, 심지어 작품을 배경으로 하는 사진 촬영을 목적으로 무리하게 어린이를 작품 위에 올라가게 한다든지 손으로 만지게 주문하는 경우마저 있다!

그래서 다양한 연령대의 관람객이 많아지는 주말에는 잠시도 방심할 수 없다. 전시장 내 관람객들의 행동에 주의를 집중해 작품의 안전을 살피는 것 또한 전시장 지킴이의 중요한 업무다. 하지만 전시장 지킴이 업무의 애로사항은 비단 작품의 안전관리에만 국한되는 것은 아니었기에 때때로 전혀 예측하지 못한 부분에서 문제가 발생하기도 했다.

전시장을 찾은
작가의 가족

조형예술과 전문사 학위 졸업 전시회에는 격주로 전시 작품들이 교체되어 가며 진행되었다. 이제 막 프로의 길목에 접어든 젊은 작가들의 넘치는 패기와 도전 정신이 돋보이는 작품을 학교 갤러리 안에서 접할 수 있었다. 그 수많은 출품작 중에서도 내가 잊지 못할 영상 출품작 한 점 있었는데, 눈물이 번져 화장이 엉망진창이 된 여성이 머리를 풀어헤치고 흐느끼거나 괴성을 지르는 모습이 반복 재생되는 작품이었다. 어두컴컴한 지하 전시 공간에서 혼자 전시장을 지킬 때, 특히 비가 내리는 평일 오후같이 전시를 보러 오는 관람객도 별로 없는 상황에서 혼자 전시장에 있노라면 내내 공포감에 휩싸였다. 참다못한 나는 갤러리 큐레이터에게 나의 고충을 털어놓았다.

“얼마 전 개봉한 그 유명한 공포영화 알죠? 이 영상 작품 출품한 졸업예정자분이 그 영화 감독님이세요.”

놀랍게도 그 영상을 출품한 졸업생은 몇 해 전 유명 공포영화를 만든 영화 감독이라는 이야기를 전해 들었다. 상업 영화 감독으로 데뷔한 분이 어쩌다 순수미술로 대학원을 진학하신 걸까? 하는 궁금증이 들기 시작했고 그제야 작품의 맥락이 이해가 되었다. 그리고 신기하게도 그때 이후로 작품에 대한 공포감은 확실히 이전보다 줄어들었다.

해당 작품이 출품된 전시가 막바지에 다다랐던 어느 금요일 늦은 오후, 전시장 마감을 얼마 남기지 않은 시각에 마지막 관람객으로 한 점잖은 노부부께서 들어오셨다. 한참을 조용히 전시를 보시더니 이내 밖으로 나가셨고 나는 전시장 마무리를 하면서 그날의 근무를 마칠 채비를 하고 있었다. 그리고 그때.

“저… 혹시 군밤 좋아하시나요?”

전시 관람을 마치고 나가셨던 노부부께서 군밤 한

봉지를 사 오신 것이었다. 알고 보니 이분들은 그 영상 작품을 출품하신 감독님의 부모님이셨다.

"전시장에서 우리 딸 작품 온종일 보고 있기에 무섭지 않으실까 걱정이 되네요. 전시 마지막까지 정말 잘 부탁드릴게요."

이렇게 말씀하시고는 따뜻한 미소와 함께 흰 종이 봉투에 가득 든 군밤을 내게 건네주셨다. 사랑하는 딸의 작품을 지키는 나를 위해 친히 군밤을 사서 전시장으로 다시 돌아와 전달해주신 것이다. 살면서 누군가로부터 군밤을 선물 받은 적도 처음이었고, 이렇게 자식을 위한 온기 가득한 부모님의 진한 사랑과 진심으로 감사한 마음이 전달되는 특별한 선물도 처음이었다. 나는 그 소소하지만 따뜻하고 깊은 마음이 담긴 선물에 진심으로 감동했다.

집으로 돌아가는 길 내내 온기가 가득한 군밤 한 알을 까서 한입 가득 넣고 찬찬히 그 고소한 맛을 음미하면서 감사하는 마음과 함께 문득 예술가를 자녀로 둔 부모님의 마음은 어떤 것일까 생각해보았다.

예술가라는 쉽지 않은 삶을 가장 가까이에서 지켜보고 늘 응원해주고 격려해주는 예술가의 가족은 그들이 행여 잠시 주저앉더라도 다시 일어나 가던 길을 걸어갈 힘이 되어 주는 소중한 존재일 것이다.

어엿한 예술가로 성장하고 나아가기까지 곁에서 진심으로 그들을 격려하고 할 수 있다고 용기를 주는 가족이, 사랑하는 사람들이 있었기에 수많은 예술 작품들이 세상에 태어날 수 있었던 것이 아닌가 생각이 들었다.

다시 찾은 루브르,
배워서 '나' 주는 관람

과제와 발표로 가득했던 미술이론과 첫 학기가 끝나고 나는 학교 갤러리 인턴 생활로 모은 돈으로 프랑스행 비행기에 몸을 실었다.

입구까지 다 와서 전시 관람을 거절한 지 정확하게 9년 만에 다시 찾은 루브르 박물관. 감회가 새로웠다. 바이올린 연주자에서 예술경영을 거쳐 미술이론이라는 분야에 다다르는 엄청난 변화를 겪으며 시야는 넓어지고 시선 또한 달라져 있었다.

그 목적이 좋아서였든지, 아니면 시험을 보기 위해서였든지 한 학기 동안 미술이론과에서 공부한 지식

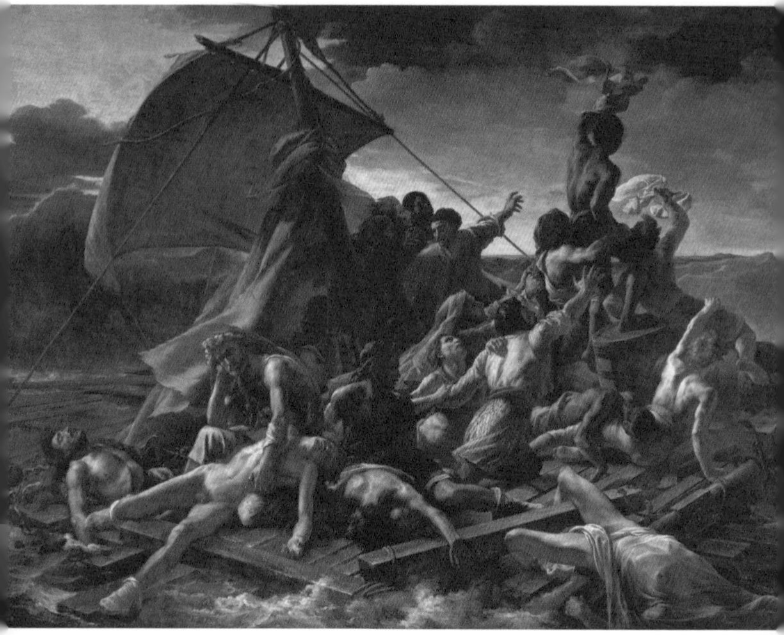

테오도르 제리코, <메두사호의 뗏목>

들은 의외의 순간에 팟 하고 깜깜하던 머릿속에서 번뜩이곤 한다. 게다가 운 좋게도 직전 학기 수업으로 이집트-그리스-로마 미술을 거쳐 인상주의까지 다루는 '서양미술사 수업'을 들었다. 파리에 도착한 시점이 모든 지식이 최고 정점에 달한 상태인 기말고사 직후였기에, 루브르 박물관에서 작품을 관람하는 동안 수업 시간에 배웠던 시기별 대표 작품을 마치 미술사 책장을 넘기며 보는 느낌이 들었다. 전시를 관람하는 내내 열심히 공부한 보람이 느껴져 기뻤다.

나는 우선 루브르 박물관 드농관으로 향했다. '19세기 프랑스 미술사' 수업을 들으며 실제 세계의 사건에 대한 사실적 묘사를 위해 처절한 노력을 한 테오도르 제리코라는 화가의 매력에 무섭게 빠져들었고, 그의 대표작 〈메두사호의 뗏목〉을 보고 싶었기 때문이었다.

무려 491×716cm에 달하는 엄청난 크기의 작품이 내뿜는 강렬하고도 처절한 인상에 놀라워하며 넋을 잃고 가만히 서서 한참을 작품을 바라보고 있던 그때.

"이 그림이 누구의 작품인지 알고 있니?"

누군가 나에게 갑작스러운 퀴즈를 냈다. 내 옆에 서 있던 50대 중반의 프랑스 아저씨였다.

"당연히 알죠! 테오도르 제리코잖아요."

불현듯 던져진 퀴즈에 호기롭게 대답했더니 질문을 던진 당사자는 마치 내가 설마 정답을 맞힐 것이라고 전혀 예상하지 못했다는 놀란 표정을 지었다.

"내 이름은 프랑크야. 파리와 아부다비를 오가며 무역업을 하고 있지. 나는 6살 때부터 아버지를 따라 루브르 박물관에 매주 왔단다. 50대 중반이 된 지금까지도 거의 매주 오는 편이야."

한국이라는 나라에서 서양미술사를 공부하고 있는 학생을 만난 것이 퍽이나 신기했는지, 그는 내가 하고 있는 공부에 대해 이것저것 물어보았다.

"혹시 네가 제리코의 〈메두사호의 뗏목〉을 좋아하면 너에게 꼭 보여주고 싶은 작품이 있단다."

프랑크를 따라 나는 〈메두사호의 뗏목〉을 뒤로하고, 드농관을 가로질러 수많은 전시실을 지났다. 다비드의 걸작 중 하나인 〈나폴레옹 1세의 대관식〉과 앵그르의 〈대 오달리스크〉를 지나 도착한 곳은 어두운 톤의 우드 패널로 실내 벽이 장식된 전시실이었다.

"이것 봐!Voilà!"

프랑크는 불과 가로 30cm 세로 20cm 정도밖에 되지 않아 보이는 한 작품을 가리켰다. 그리고 나는 한눈에 그 작품이 〈메두사호의 뗏목〉의 습작이라는 걸 알 수 있었다. 한 작품의 습작을 볼 수 있는 기회는 절대 흔치 않기 때문에 나는 이 작은 습작을 보고 감격스러운 마음이 들었다.

이 작은 그림을 보자 제리코가 〈메두사호의 뗏목〉에 쏟아부은 열정과 노력에 대한 이야기들이 머릿속을 스쳐지나갔다. 한 작가의 열과 성을 다한 작업 과정의 흔적을 이렇게나마 간접적으로 경험할 수 있어서 뿌듯한 마음이 들었다. 언뜻 보면 별일 아닌 듯 생각할 수 있지만, 시간이 흘러도 기나긴 여운이 남는 당시 상황을 생각할 때, 살면서 경험한 작품 감상 중 가장 인상적인 순간이었음이 분명하다.

이상적인 '아트러버art lover'란 무엇인가?

"파리에서는 언제나 소매치기를 조심해야 해. 메트로를 기다리거나 탈 때는 언제나 벽에 등을 붙이고 서 있는 게 안전하단다. 알겠지?"

나와 프랑크는 루브르 박물관에서 나와 퐁피두센터까지 거닐며 미술, 음악, 무용에 관한 폭넓은 주제의 이야기를 이어나갔다. 그는 함께 걸으면서 파리 시내 곳곳에 숨겨진 흥미로운 이야기를 들려주는 것 또한 잊지 않았다. 간만에 예술에 대해 폭넓은 대화가 가능한 사람과 이야기를 나누다 보니 시간 가는 줄 몰랐다.

단지 문화와 예술을 좋아하는 마음만으로도 이렇게 넓고 깊은 지식을 가진 사람이 있을 수 있다는 사실을 깨닫게 해준 프랑크. 그는 지금까지 내가 여행에서 만난 사람들 중 가장 박학다식한 아트러버였다.

한국에서는 내가 미술 이론 혹은 미술사 공부를 하는 사람이라고 했을 때 그 학문이 어떤 것인지 잘 아는 사람을 만나본 적이 없었다. 내 주변 예술 분야 전공자 친구들조차 내가 어느 날 갑자기 그림을 그리러 대학원에 진학한다고 오해하는 사람들이 있을 정도였다.

미술 이론이라는 학문에 대한 오해를 바로잡고자, 이곳에서 배우는 미술사, 미술비평, 전시기획 등 커리큘럼과 향후 진로에 대해 자세히 설명하고 내 분야에 대해서 사람들에게 이해시켜야만 했다.

물론 나조차도 미술 분야에 그림을 그리는 화가 이외에도 미술사를 연구하고 작품을 비평하고 전시를 기획하는 분야인 미술 이론이라는 학문이 있다는 걸 알게 된 지 채 5년이 안 된 상황이었다. 예술을 전공하던 나조차 몰랐을 정도로 우리나라에서는 아직까지 미술 이론 혹은 미술사 같은 분야가 정확히 어떤 공부를 하는 것인지 아는 사람이 흔하지는 않을 것 같다는 생각이 든다.

이런 상황에서 예술에 대한 이해도가 높은 프랑크와의 만남은 처음으로 미술 이론이라는 학문을 공부하는 보람을 느끼게 해주었다. 덕분에 진정성 있는 마음으로 예술을 사랑하는 사람에게 인정받는 가치 있는 학문이라는 믿음이 생겼고, 학문에 대한 자부심과 그 특별한 의미에 확신을 가지고 공부에 더욱 매진하는 중요한 계기가 되었다.

무엇보다도 진심으로 예술과 예술가를 존경하고 열광하는 마음이 느껴지는 상대와의 진솔하고도 진지한 대화였다는 점에서 큰 의미를 가졌다. 이 대화를 통해

허세와 애호의 차이는 결국 '내가 그걸 얼마나 알고 있는가'를 드러내는 것이 아닌, '내가 그것에 대해 얼마나 궁금한 것이 많은가', 그리고 '다른 사람은 그것에 대해서 어떻게 생각하는가'라는 차이가 있다는 것을 깨달았다.

때때로 나는 철학과 시가 공존할 수 있는 세상에서만 비로소 진정한 예술 애호가가 탄생할 수 있지 않을까 생각한다. 철학은 끝없이 스스로에게 질문을 던지게 하고, 결국 그렇게 끊임없이 질문을 던지다 보면 그에 대한 답을 찾거나 스스로 깨달을 수 있는 통찰력을 형성시켜준다. 또한 시는 자신의 깨달음과 은유적, 상징적 감성을 언어로 저장하는 방식 아닌가? 그래서 예술을 보고 받은 감동이 심상이라는 영감이 되어 또 다른 예술을 태어나게 하는 순환 구조를 가능하게 만드는 것이다.

이러한 자문자답 속에서 도출한 감성 혹은 감상의 은유적 표현에 익숙한 사람, 익숙한 삶이라면 예술 작품을 통해 '나는 왜 지금 감동한 것인가?'라는 질문을 시작으로 '그래서 나는 작품과 작가의 세계에 공감하는구나'라는 결말을 내릴 수 있을 것이다. 이것이야말로 자신의 감정과 감상을 표현하는 예술의 선순환 구조라고 할 수 있다.

자신만의 사유 세계가 있는 사람들이 지금보다 많아진다면 예술가도, 관람자도 지금보다 조금 더 나은 환경에서 살아갈 수 있지 않을까?

미술 작품,
실제로 봐야 하는 이유

"결국 직접 본 사람을 못 이긴다."

수업 중 교수님께 들었던 말이다. 어떤 예술가의 작품에 대한 수많은 논문을 읽고, 이미지를 찾아보고, 분석하고 비평하는 글을 쓰더라도, 결국 그 작품을 실제로 본 사람이 경험한 것 이상의 미학적 경험을 하기란 어렵다는 뜻이다.

처음 이 말을 들었을 때 나는 '과연 그럴까? 만약 그렇다면 왜 그럴까?'라는 의문을 품었다. 그리고 나는 오르세미술관에서 본 구스타프 쿠르베의 〈오르낭의 매장〉을 실제로 본 후 그 의문을 해소할 수 있었다. 이유는 간단했다. 책에서 혹은 수업시간에 PPT를 통해서 봤던 이미지가 주는 인상과 전혀 다른 인상을 주는 어마어마한 크기 때문이었다.

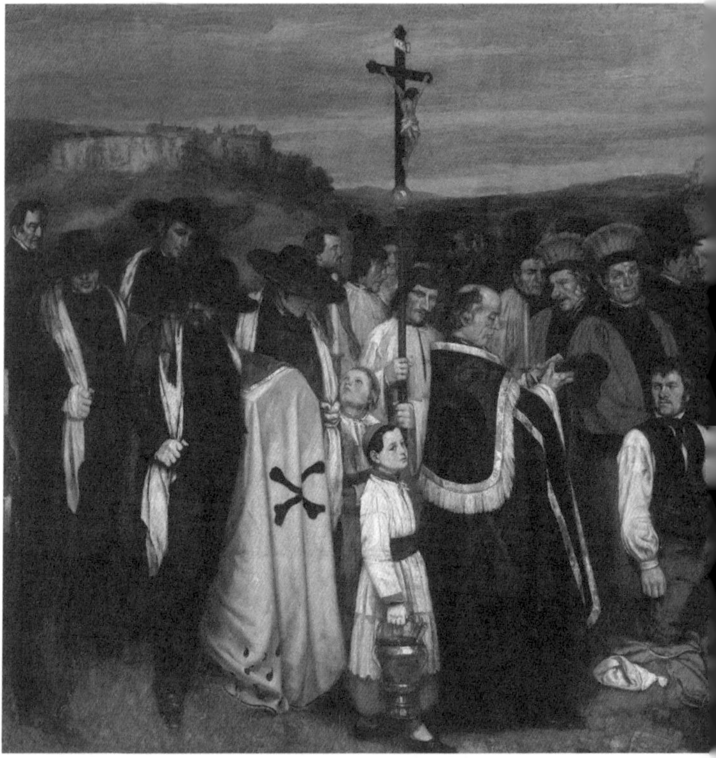

구스타브 쿠르베, <오르낭의 매장>

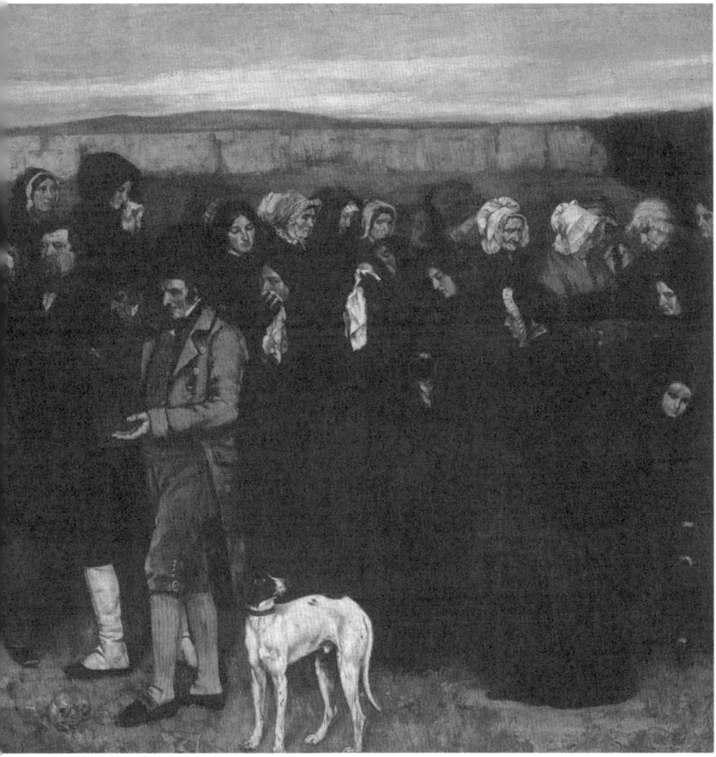

수업을 통해 〈오르낭의 매장〉이 초대형 작품이라는 사실은 알고 있었다. 다만 이 작품을 실제로 접하기 전까지, 나에게 작품의 크기란 그저 작가 이름과 제목, 작품 제작연도와 같은 표면적인 정보에 불과하다고 생각했다. 그래서인지 작품 크기에 관한 이슈보다는 작품을 제작하게 된 배경이나, 제작 시기에 얽힌 당대 사회적 상황, 그리고 작품에 대한 당대의 평판 등 이론적 배경에 관심이 치우쳐 있었다.

하지만 〈오르낭의 매장〉을 처음 본 순간, 내 머릿속에는 작품에 관한 배경 지식이 모두 사라지고 오직 작품이 주는 숨이 막힐 정도로 강렬한 인상만 남았다. 그 인상은 무려 서울 시내버스의 절반 정도의 크기에 달하는 세로 314cm, 가로 663cm의 엄청난 크기로부터 뿜어져 나오고 있었다. 너무나도 거대한 이 작품을 한눈에 다 담기 위해, 나는 작품을 바라보며 한참을 뒷걸음질 쳐야 했다.

〈오르낭의 매장〉은 상황을 묘사한 이미지 자체가 풍기는 장엄하고 엄숙한 분위기, 그리고 엄청난 크기가 압도적인 인상을 주었다. 책 크기에 맞춰 재단된 정보 전달용 이미지는 감히 담을 수 없는 인상. 실제 작품을 눈으로 직접 보는 것이 작품에 대한 감상과 인상 그리고 깊이 있는 이해에 얼마나 차원이 다른 경험을 선사해주는지 깨달을 수 있었다.

루브르 박물관 1층 드농관에 전시된 레오나르도 다빈치의 〈모나리자〉는 크기가 겨우 세로 77cm, 가로 53cm에 불과하다. 작품의 역사적 명성이 쌓아 올린 판타지를 생각하면 고층 건물의 벽면을 다 뒤덮을 수 있을 크기여야 마땅할 것 같지만, 실제로 〈모나리자〉의 모습은 웬만한 가정집 TV보다도 작은 크기에 불과했다. 처음부터 크기가 작은 작품이라는 사실을 알고는 있었지만, 수많은 루브르 박물관 관람객 틈 사이로 그녀와 눈이 마주친 순간, 내 기대와는 다른 모습에 실망한 표정을 그녀에게 들키고 말았다.

나는 〈오르낭의 매장〉과 〈모나리자〉를 실제로 관람한 이후, 세상에 존재하는 미술 작품을 최대한 많이 직접 감상하며 작품에 대한 인상을 되도록 많이 축적하기로 결심했다. 인쇄된 이미지 감상이 아닌, 정말 내가 보고 느낀 생생한 감상을 사람들에게 전달하고 싶은 열망이 솟아났다.

세 번째 발자국

보이는 것 너머에 있는 것

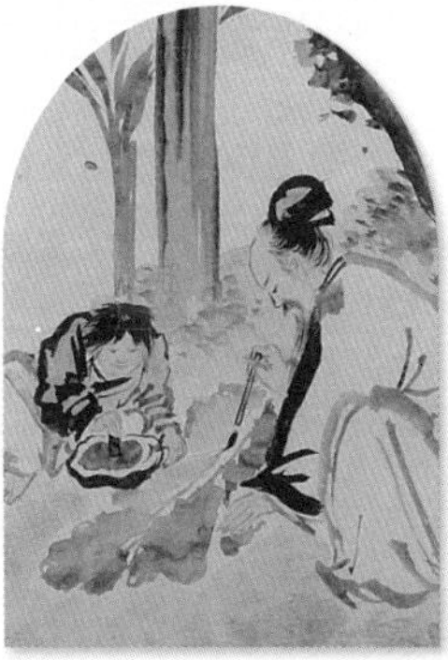

더 큰 감상의 즐거움을 위해
열린 마음

파리의 여름에서 서울의 가을로, 미술관에서 미술이론과 강의실로 돌아온 나는 관심 있는 것에만 머무르지 않고 모든 것을 받아들일 자세로 수업을 듣기 시작했다. 책으로 공부하고 눈으로 직접 확인하는 과정에서 미술이론 공부의 묘미를 완연히 즐기는 자신을 발견할 수 있었고, 전에 느껴보지 못한 즐거움과 보람을 만끽할 수 있었다. 이런 즐거움은 엄청난 중독성이 있었다.

특히 이전에는 별다른 관심을 두고 있지 않았던 동양미술사 분야에 열의를 가지고 공부하기 시작했다. 그렇게 일단 배워두면 어느 순간, 어느 자리에서 그 지식들이 빛을 발해 더 큰 재미와 성취감을 줄 것이라는 기대가 차올랐기 때문이다.

사실 이전까지 나에게 동양화란 색을 사용하지 않고 그저 먹으로 그린, 서예 시간에 본 적 있는 그림 정도로 생각되었다. 그리고 어차피 내가 동양미술사를 전공할 일은 없을 테니까, 그냥 학점 이수에 의의를 두자는 안일한 생각을 가지고 있었다.

하지만 그 생각들은 박물관에 전시되어 정지된 상태의 작품들이 전시되기 이전에 사람들의 삶 속에서 어떻게 인식되었는지에 대한 배경을 알게 되면서 점차 달라졌다. 특히 과거 문인, 사대부를 중심으로 발전했던 '여흥 문화'와 '감상 문화'의 전통을 접하게 되면서 아름다움을 발견하고 추앙했던 사람들의 생활 속에서 감상되고 사랑을 받았던 서화와 도자기 같은 고미술품에 관심이 생겼다.

박물관 소장품의
'살아생전의 모습'

"그러니까, 박물관은 작품의 입장에서 볼 때 일종의 무덤인 셈이죠."

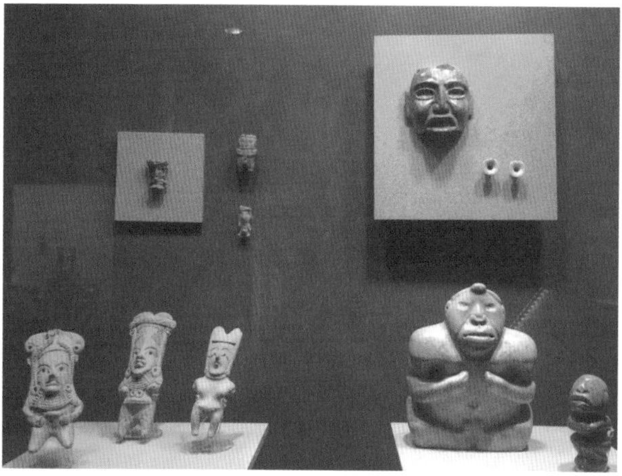
멕시코 국립인류학박물관에 전시된 올멕 문명의 미니어처

수업시간에 들었던 이 해석은 다소 충격적으로 다가왔다. 작품 또한 하나의 생명체와 같이 이 세상에 탄생해 제 역할을 이행하다가 어느 시점이 되면 그 역사적, 미술사적 가치를 인정받아 박물관에 소장되어 더 이상의 이동과 변화가 없는 정지 상태, 일종의 '죽음'을 맞이한다니…. 이런 해석을 감히 상상이나 해봤겠는가. 그러나 지금까지의 경험들로 비추어봤을 때, 이 해석은 어느 정도 일리가 있었다.

작품의 판매를 목적으로 하는 상업 미술계, 즉 미술 경매회사나 갤러리에서 전시되는 작품들은 결과적으로 그 소장자가 계속해서 바뀔 가능성이 크다. 그러나 국공립박물관이나 미술관 같이 작품의 연구, 전시, 보존, 교육을 주목적으로 하는 비영리 미술 기관에 소장된 작품은 보통 전시실에서 전시되거나 혹은 보존 처리 후 수장고에서 보관되어 해당 기관에 머물러 있을 가능성이 높다.

그렇다면 고요한 전시실에 얌전히 전시된 작품들은 박물관에 소장되기 전까지 과연 어떻게 지내왔을까? 이전에는 전혀 생각해 본 적 없는 방식, 작품의 살아생전의 모습에 대한 궁금증이 커졌다.

유유자적,
원림 속 감상 문화

인간이 누릴 수 있는 최고의 사치는 아마도 감상에 젖는 일이 아닐까? 내리는 빗줄기를 바라보고, 계절의 변화를 코끝에 스치는 향기로 느끼고, 피어나는 꽃의 아름다움에서 계절의 경이로움을, 푸르른 산을 바라보며 생명력을 느끼기 위해서는 시간적, 심적 여유가 우선되어야 할 것이다.

이전까지 전혀 관심 없던 동양미술에 내가 완전히 빠져버리게 된 중요한 계기 중 하나는 수업시간에 과거 중국 귀족들의 '여가문화'를 배우게 되면서이다. 중국 당나라 때부터 귀족들은 경치가 좋은 한적한 곳에 크고 멋진 별장을 마련하는데, 이것이 시대를 걸쳐 발전하고 확장되면서 '원림園林'이라는 고유한 귀족 문화를 형성하게 된다.

중국의 귀족들은 원림에서 유유자적하고 한가로이 시간을 보내곤 했다. 아름다운 꽃과 나무, 그리고 값비싼 기암괴석을 공수해 화려하게 가꾼 정원에서 가까운 지인들 혹은 당대의 예술가를 초대해 풍류를 즐겼다. 그들은 원림에 모여 한가로이 아름다운 꽃과 나무를 바라보며 계절의 정취를 느끼하거나 시를 읊고 그림을 그리기도 했다. 또한 수집한 골동품을 감상하고 품평하면서 예술적이고도 낭만적인 여가문화를 즐기고 있었다. 그렇게 중국 귀족들은 수백 년에 걸쳐 자연과 풍류의 문화인 원림을 조성하고 그 안에서 낭만과 유희를 탐하는 이상적이고도 몽환적인 시간을 보냈다.

처음 접한 원림 문화는 느슨하면서도 고급스럽고 비현실적으로 느껴져 낭만적이고 풍류적인 삶이라 생각됐다. 맘 통하는 친구들과 향이 좋은 차를 마시고 노란 국화꽃을 바라보며 그 아름다움과 계절을 찬미하다가 또 산수화를 감상하며 영감을 받아 시를 한 수 읊고 술 한 잔 기울이며 밤을 지새우는 상황은 상상만 해도

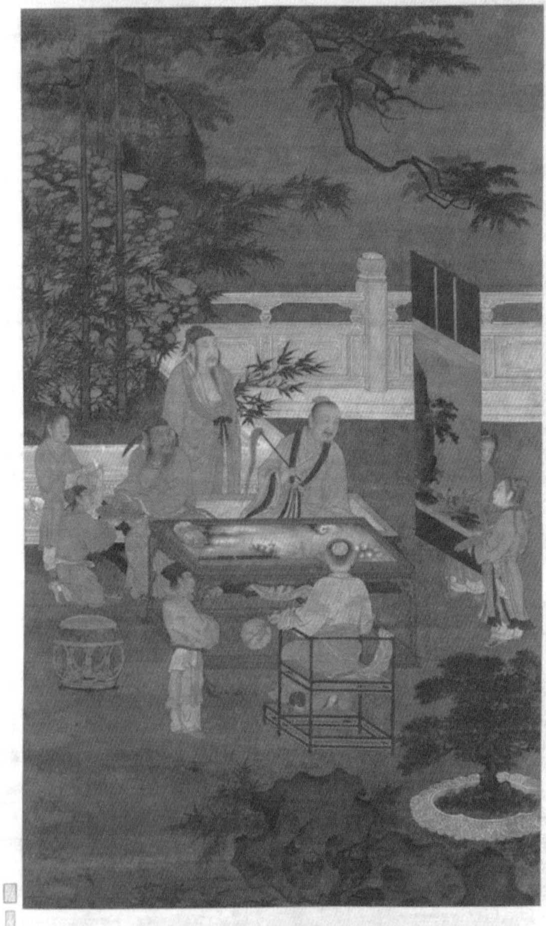

작가 미상, <십팔학사도(十八學士圖)>

두근거렸다.

그렇게 나는 원림에서 유유자적하며 감수성이라는 최고의 사치를 누렸던 이들의 삶을 동경하며 감상문화의 여유에 빠져들었다.

와유,
안락하고도 낭만적인 실내 어드벤처

코로나19 바이러스로 하늘길이 한참 막혀있던 동안, 먼 길을 떠나지 못한 채 감염으로부터 비교적 안전한 실내 공간 안에서 생활하는 상황에 부닥치자 평소보다도 더욱 여행에 대한 갈망이 커져만 간 것이 비단 나만의 이야기는 아닐 것이다.

하루는 파리의 좁은 골목길을 쏘다니며 걸어 다니다 지치면 노천카페에 자리 잡고 앉아 카페오레와 버터 향 가득한 크루아상을 먹는 상상을 했다. 또 어떤 날은 한 손에 아메리카노 한잔을 들고 여유롭게 뉴욕의 센트럴 파크를 산책하며 벤치에 앉아 무리를 지어 산책하는 개들을 바라보는 평화로운 풍경도 상상해보았다. 하지만 가장 그리웠던 것은 알프스산맥 아래로 펼쳐진 스위스의 아름다운 자연 풍광이었다. 아무래도 거의 집안에서만 생활하다 보니 답답함을 느끼다 보니 그랬을 터.

나는 궁여지책으로 유튜브로 스위스의 자연 풍광을 담은 영상을 종일 재생하며, 집 안에서 알프스의 풍경을 감상했다. 테이블에 앉아 일하면서, 밥 먹으면서, 커피 마시면서 아이패드 화면으로 바라보는 스위스 자연 풍광을 내내 즐기고 있는 내 모습을 보고 있자니 뭔가 익숙한 개념이 머릿속에 떠올랐다.

실제 풍경을 기반으로 완성된 진경산수화와 그 감상의 맥락에서 나온 '와유臥遊 문화'였다. 여행이 자유롭지 않았던 조선 시대 사람들의 대안적인 여행 문화를 코로나 바이러스 덕분에 몸소 체험해 보다니. 전에는 이런 와유 문화를 직접 즐기게 될 날이 오리라고는 상상조차 할 수 없었던 터라 나의 상황과 조선 시대 선조들의 와유 문화를 나란히 놓고 보는 상황이 꽤나 흥미롭게 다가왔다.

와유의 사전적 정의는 '누워서 명승고적의 그림을 보며 그곳 정경을 더듬음'이다. '누워서' 명승고적의 풍경을 즐길 수 있다니, 이 얼마나 안락한 어드벤처란 말인가! 지금 당장 인천공항으로 달려가 곧바로 떠날 수 있는 전 세계 국가별 도착지가 얼마나 많이 있는지 생각해 볼 때, 조선 시대의 여행은 일종의 선택받은 자에게만 주어지는, 당대인의 생애에 걸쳐 몇 번 겪을 수 없는 엄청난 경험 중 하나였다.

더군다나 이동 수단이 말 혹은 나귀, 그것도 여의치 않을 경우 도보에 한정되었던 당시 상황을 생각해보자. 보통 한 달에서 길게는 몇 달에 걸쳐야 가능했던 명승지 유람은 그 과정에서 수반되는 모든 의식주 해결은 물론 유람 동안 생업을 포기하고 떠날 수 있을 정도의 경제적, 신체적 자유가 보장되어야만 가능했다. 따라서 먼 곳으로 길을 떠나 한가로이 풍경을 음미하며 여행하는 경험은 결코 누구에게나 열려있는 것이 아니었다.

이렇듯 여행이 소수의 특권이나 마찬가지였던 조선시대 사람들이 명승지 유람이라는 상상만으로도 설레는 여행의 환상을 펼치는 데 있어, 유람기와 진경산수화는 사람들의 여행에 대한 환상을 충족시키는 데 있어 중요한 역할을 했다.

박물관에서 떠난
금강산 와유의 밤

고즈넉한 분위기 속에서 차분하게 작품을 관람하는 묘

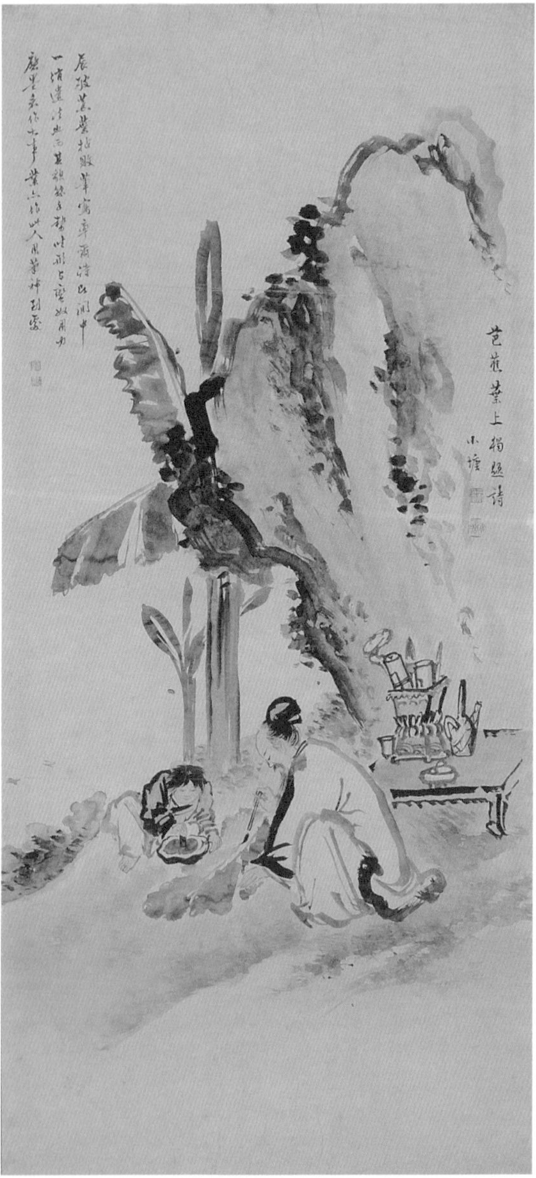
芭蕉葉上獨題詩
小塘

미에 빠진 나는 종종 홀로 저녁 전시를 보러 가는 것을 즐겼다. 정선의 진경산수화의 매력에 푹 빠져 있었던 대학원 시절, 나는 종종 야간 전시가 가능한 수요일 저녁 정선의 풍악도첩을 전시하고 있는 국립중앙박물관의 조선 시대 회화 전시실로 향했다. 어둠이 깔린 도시에서 나 홀로 박물관에서 조선 시대로 여행을 떠나는 기분을 만끽하면서.

전시실 중앙에 설치된 유리 전시대 안에 도도히 그 자태를 보여주는 풍악도첩에는 내금강, 외금강, 해금강의 절경이 정선의 화풍으로 세심하고도 실감 나게 묘사되어 있었다.

자그마한 크기의 풍악도첩 속에 담긴 장엄한 금강산의 풍경이라는 아이러니는 작품을 더욱 매력적으로 느껴지게 했고, 나는 홀로 고요한 박물관 전시실에 서서 풍악도첩을 바라보며 금강산 곳곳을 직접 거닐며 유람했을 서른여섯 살의 정선을 떠올려 보았다.

이번에는 그의 풍악도첩을 한 장 한 장 넘겨보며 사랑채에 누워 와유를 즐겼던 조선 시대 선비들의 모습을 떠올려 본다. 그리고 정선이 그의 벗들과 완성한 풍

이재관, <선인도(仙人圖)>
곧 시들어버릴 푸른 파초 이파리이지만, 이에 개의치 않고 자신만의 즐거움을 위해 붓으로 글귀를 적으며 풍류를 즐기는 선비의 모습이 인상적이다. 출처: 국립중앙박물관

악도첩을 함께 감상하며 금강산 유람에 대한 모험 가득한 이야기를 풀어내는 자리를 상상해보았다.

국화꽃 향기 그윽한 어느 가을날 밤 인왕산 기슭에 있는 정선의 집 사랑채에 둘러앉아 좋은 술 한잔 곁들이면서 풍악도첩 속 금강산의 풍경을 한 장 한 장 넘기며 그 놀라운 풍경에 감탄하는 모습. 휘영청 밝은 조선의 가을 달빛 아래 둘러앉아 유람의 낭만에 만취하는 그런 모습을.

네 번째 발자국

바다 건넌 옛 도자기를 따라서

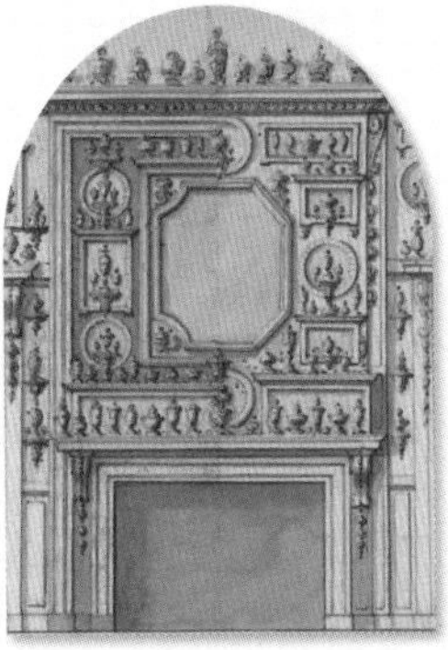

Blue & White FEVER!
청화백자에 빠진 유럽

"유럽 귀족들은 중국에서 들여온 가볍고, 얇고, 그 표면이 이국적인 이미지로 장식된 경질의 도자기에 환호했지요. 이전에 튤립 투기가 네덜란드를 휩쓸었던 것처럼 중국산 도자기 한 점을 사려고 성을 한 채 파는 귀족이 나왔을 정도로요. 그것에 대한 유럽 상류사회의 집착적이고도 과시적인 소비는 아시아 무역에 대한 유럽인의 열망을 이른 시일 안에 현실화시켰습니다."

'원림', '와유 문화'와 같은 독특한 감상문화덕에 동양미술사에 점차 흥미를 느끼던 나는 옛 그림 한 점

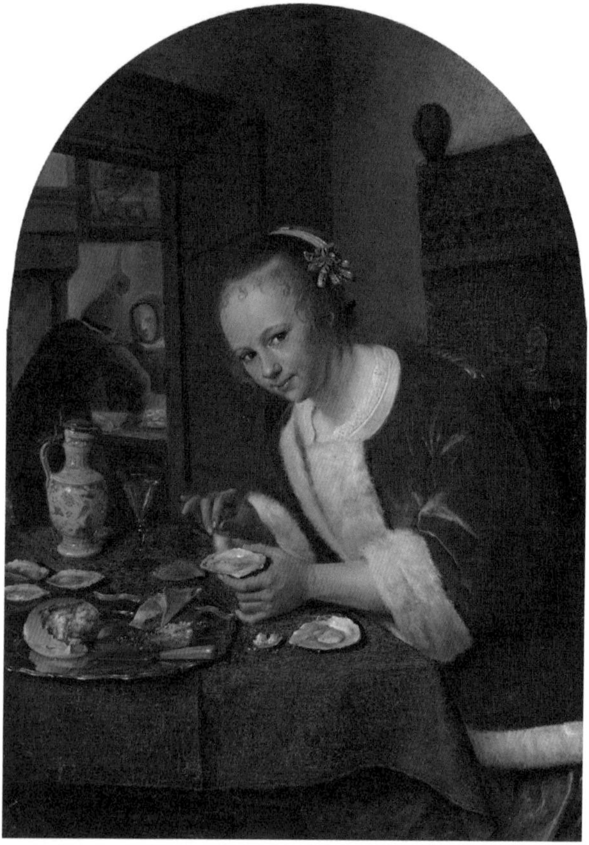

얀 하빅스 스텐, <굴을 먹는 소녀>
한 손에 굴을 쥐고 화면을 응시하고 있는 소녀 앞으로 펼쳐진 테이블 위에는 중국산 청화백자를 모방해서 만든 네덜란드산 도기 '델프트웨어(Delftware)' 물병이 보인다.

을 접하면서 동양미술사에 완전히 빠져버렸다. 그 그림은 도자기, 비단 등 중국의 값비싼 특산물을 가득 실은 수레가 중앙아시아사막을 건너고 있는 풍경이 그려진 다소 이국적인 풍경과 화풍의 것이었다.

실크로드의 풍경을 사실적으로 묘사한 이 작품은 유럽인들이 가진 동양에 대한 막연한 환상, 즉 오리엔탈리즘을 갖기 시작했던 시기의 무역 풍경을 보여주는 상징적인 이미지였다. 오리엔탈리즘은 동쪽에 있는 미지의 나라에 대한 호기심과 상상에 푹 빠진 유럽 사람들에게 무료한 일상 속 문화적 엔돌핀과도 같은 역할을 했다. 현재 아시아 국가들이 유럽산 명품에 열광하는 걸 생각해보면 과거 유럽인들이 역으로 아시아 국가에서 만들어진 물건들에 열광했다는 사실이 매우 신선하게 다가왔다.

2010년대 초반 한국 사회에서 '유럽산'이란 '고급스러운 것', '희소가치가 높은 것', '단순한 소비 상품을 넘어서는 것'이라는 인식이 있었다. 하지만 과거에는 역으로 도자기, 차, 비단, 향신료 같은 아시아의 무역 상품이 유럽에서 가치가 높은 것, 고급스러운 것으로 자리매김하고 있었다는 사실은 놀랍게 다가왔다.

도자기는 과거 중국인들이 만들어낸 신소재이자 인류의 중요 발명품이었다. 중국에서 도자기가 유입되기

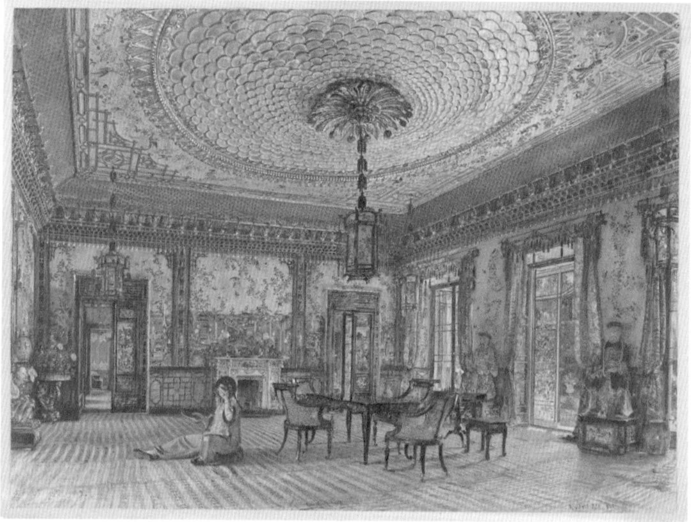

(왼쪽) 루돌프 폰 알트, <일본풍 살롱>
(오른쪽) 제임스 휘슬러, <도자기 나라의 공주>

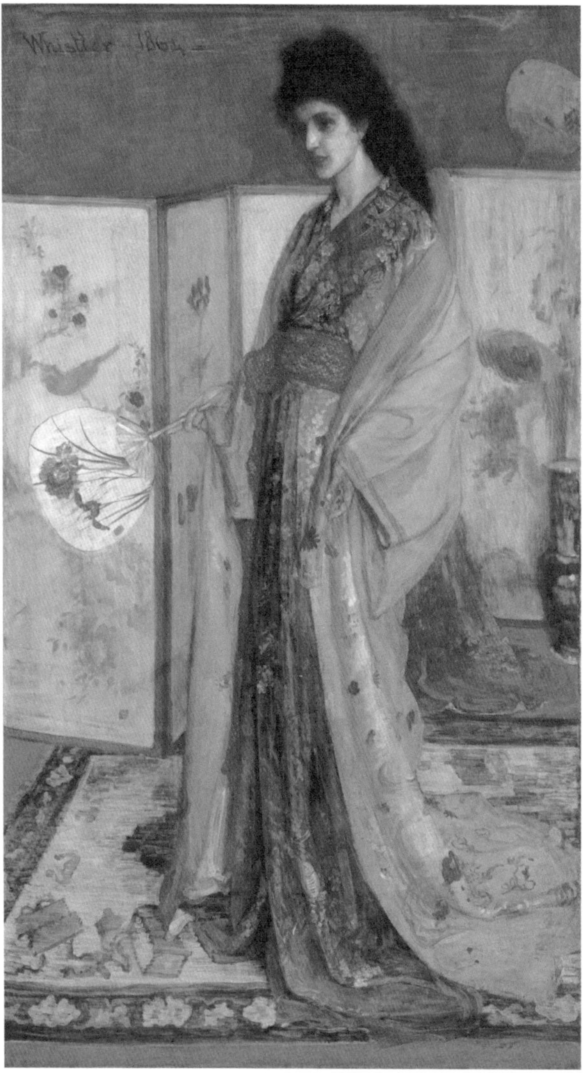
Whistler

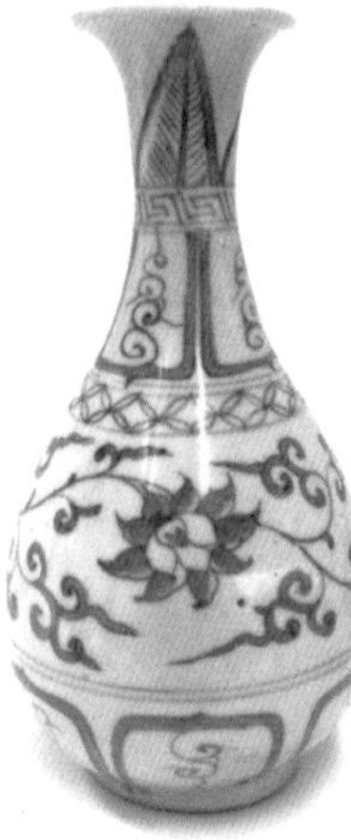

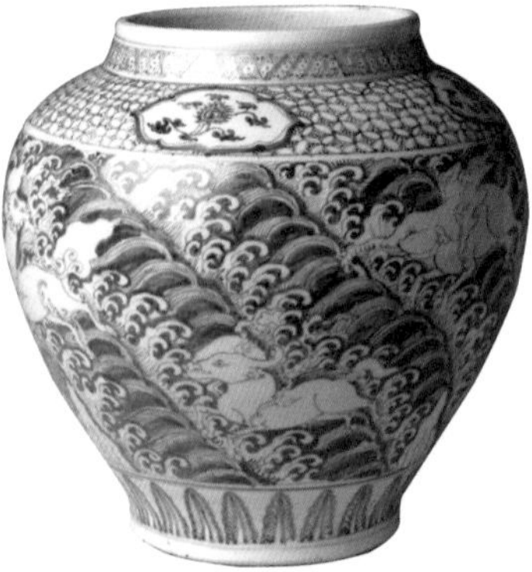

(위) 중국 원대 청화백자병(경덕진산)
(아래) 중국 명대 청화백자호

전까지 유럽인들은 진흙을 반죽해 저온에 소성한 도기earthenware를 사용했고, 기능성과 실용성 그리고 미적 측면에서 중국산 도자기에 비해 열등했다. 백돈자와 고령토를 배합해 1,300도 이상 고온에서 소성한 도자기는 물이 투과하지 않으며 가볍고 튼튼했다. 게다가 표면 위에 안료를 섞은 유약으로 화려한 장식을 곁들인 도자기는 실용품을 넘어 하나의 예술품으로 인식되었다.

특히 중국 황제가 사용하는 도자기는 엄선된 재료로 최고의 실력을 가진 도자공이 만들었다. 거기에 황실 화가들이 표면에 그림을 직접 그리는 등 높은 기술을 기반으로 미적 완성도 또한 놀라운 경지까지 도달했다. 이런 최상품 황실 전용 도자기는 황실 전용 가마에서만 소량으로 제작되어 사용되었다.

결국 중국의 도자기는 일상용품이자, 당대 유행하던 이미지와 미감이 반영해 완성된, 일종의 '패션'이자 '예술품'이었다. 중국 문화의 근간이 되는 차茶 문화는 이런 도자기에 우려 마시면서 입과 눈이 모두 즐거워질 수 있도록 하는 고급 취미였던 것이다.

그러나 최상품 도자기는 오로지 중국 황실 혹은 귀족들의 전유물이었고, 청대 초 해상무역이 허용되기 전까지 명 황실의 해금 정책에 의해 공식적으로 수출할 수 없었다. 청나라 이후에 유럽으로 수출되었던 자기도 황실 자기와는 수준 차이가 큰 저품질의 도자기만 가능했다.

하지만 이런 저품질 도자기도 유럽 상류사회에서 마치 보석같이 비싸고 희귀하면서 아름다운 것으로 인식되어 실내 주요 장식품으로 크게 인기를 얻었다. 특히 값비싼 청색 안료를 사용한 장식으로 뒤덮인 중국의 청화백자는 그 어떤 상품들보다도 신비롭고 아름다운 이국의 특산품이었다.

'도자기의 방'에 서서
질문을 던지다

시간이 흘러 나는 또 다시 유럽으로 날아갔다. 독일, 스위스, 덴마크, 프랑스를 방문해 여러 도시에 있는 크고 작은 미술관과 박물관 그리고 옛 유럽 귀족들이 거주했던 고성을 찾아다니며 적극적으로 전시 관람을 했다. 과거 유럽인들이 광적으로 사 모았던 고가의 중국 도자기들이 정확히 어떤 식으로 그들의 삶 속에 녹아들었는지 내 눈으로 살펴보고 싶었기 때문이다.

나는 과거 유럽 사회 속 중국 도자기가 갖는 진정한

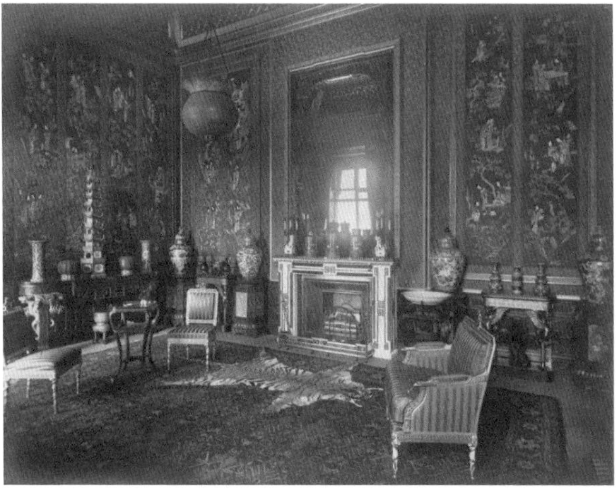

에드워드 7세의 중국풍 방 풍경, W&D 다우니 촬영
중국풍 방 가장자리를 두르듯 설치된 낮은 장식장 위로 중국 도자기들이 줄지어 전시되어있다. 벽면 또한 중국인과 동양의 식물을 모티프로 하는 스크롤 형태의 인물화로 장식되어 있다.

의미를 파악하고 싶다는 의지에 불타올랐다. 17~8세기, 가깝게는 19세기 초까지 유럽에서 중국 도자기를 수집했던 사람들은 대부분 그 나라의 왕족이나 귀족, 혹은 무역으로 부를 축적한 상인들이었다. 그래서 과거 유럽 귀족들이 거주했었던 성을 집중적으로 방문했다. 옛 유럽 귀족들의 생활 공간 안에서 중국 도자기가 어떻게 전시되어있고, 어떤 장식이 사랑받았는지 내 눈으로 직접 확인하고 싶었기 때문이다.

하지만 성은 관광지이지 박물관이 아니었다. 그래

서 성 내부에 중국 도자기가 전시 혹은 장식되어 있는지, 만일 전시되어있을 경우 전시된 도자기들에 대한 구체적인 정보를 얻을 수 있는지 알 수 없었다. 도시 관광 안내소로 달려가 관광 안내 책자를 뒤져 박물관이나 옛 성 소개 페이지에 실린 성 내부 이미지를 확인하거나 이미지가 없을 때는 공식 홈페이지로 들어가 내부 사진을 확인해야 했다. 그렇게 내 예상보다 더 많이, 더 적극적으로, 더 많이 발품을 팔아가며 인내심을 갖고 조사한 덕에 독일 도시 곳곳에 있는 고성에서 과거 유럽인들의 생활과 미적 취향에 중국풍 양식이 얼마나 영향을 끼쳤는지 확인할 수 있었다.

나는 독일 뮌헨의 고성에서 처음으로 유럽 귀족이 만든 '도자기의 방'에 들어가 보았다. 마치 도자기로 만든 입체 벽지가 붙은 듯한 벽 전면은 화려하게 도금된 바로크풍 몰딩과 어우러져 엄청난 장관을 연출하고 있었다. 접시, 병, 커다란 항아리 등 다양한 도자기들의 표면 장식은 전형적인 동양화풍 모티프로 빼곡하게 들어차 있었다. 한 점 한 점 각기 다른 이미지로 장식된 도자기 표면을 살펴보다 보니 시간 가는 줄 몰랐다. 깨지기 쉬운 도자기를 그렇게나 많이, 머나먼 중국에서 유럽 소도시의 성까지 가져오기까지 얼마나 많은 일이 있었을까? 당시 유럽인들의 중국풍에 대한 열망이 도

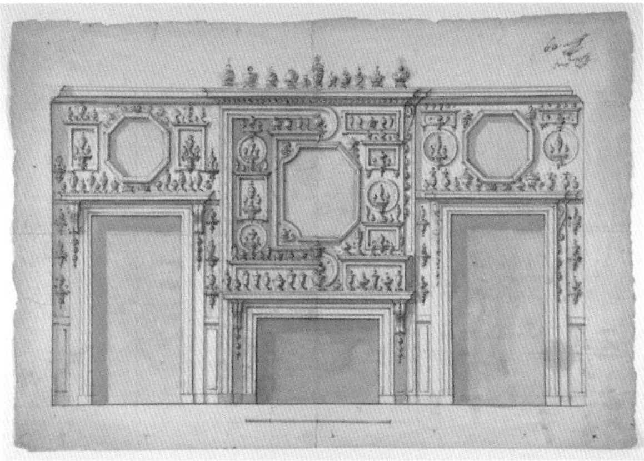

실내 공간을 도자기로 장식하기 위한 설계 도안

대체 얼마나 컸을지 상상하며 유럽과 중국 간 무역의 엄청난 규모를 실감할 수 있었다.

지은 지 수백 년은 족히 되어 보이는, 과거 독일 귀족의 성 내부에 중국산 청화백자로 완전히 빼곡히 채워진 도자기의 방을 넋을 잃고 바라보다 보니 과거 1700년대 유럽과 중국 사회에 대한 수많은 질문들이 떠올랐다.

'그 옛날 유럽에서 중국까지는 배를 타고 얼마나 오래 가야 했을까?'

'유럽 동인도회사는 그 옛날에 대체 어떻게 이렇게 많은 양의 도자기를 유럽으로 가지고 올 수 있었던 걸

까?'

'중국산 도자기는 엄청나게 값비싼 무역 상품이자 사치품이었을 텐데, 이 방에 있는 도자기를 지금의 가치 기준으로 환산한다면 얼마가 될까?'

'간간이 보이는 유럽 가문의 문장紋章이 장식된 도자기는 대체 어떤 과정으로 만들어진 걸까? 설마 중국으로 주문 제작이 가능했다는 것인가?'

'주문 제작이라는 번거로운 과정을 감수하고서라도 이런 도자기를 소유해야만 하는 특별한 이유가 있었던 걸까?'

과거 유럽 귀족의 '욕망'이 엿보이는 도자기의 방에서 던진 질문들은 이후 한국으로 돌아가서도 꽤 오랜 기간 나를 쫓아다녔고, 이 질문에 대한 답을 집요하게 찾아다니다 보니 그 답안지가 석사 졸업 논문으로 완성되었다.

어딘가 좀 어설퍼 보이는 도자기,
왜?

도자기의 방에 들어섰을 때 가장 놀랐던 것은 바로 그

양이었다. 그렇게 수많은 도자기를 다닥다닥 붙여서 방 벽면 전체를 메우듯 전시한 것은 전에 본 적 없는 형태의 장관이었다. 하지만 확실히 도자기 한 점 한 점의 완성도는 많이 부족해 보였다. 전문가가 아닌 내 눈에도 둔탁해 보였고 표면에 그려진 그림들 또한 조악하기 그지없었다.

그렇다면 왜 유럽인들은 이렇게 낮은 품질의 도자기에 열광했을까? 나는 동양미술사 시간에 들었던 '사물을 바라보는 미적 기준'의 변화를 떠올렸다.

"이도다완의 예시를 살펴볼까요. 이도다완은 조선 서민이 격식 없이 일상에서 널리 사용했던 막사발에 불과했습니다. 다소 거친 태토로 빚어졌고, 형태의 균형이나 유약이 시유된 상태 또한 불규칙적입니다. 완성도 높은 어용 가마에서 만든 도자기와는 한눈에 봐도 한참이나 낮은 완성도의 도자기였음을 알 수 있죠. 그런데 이도다완은 일본에서 국보로 지정될 정도로 사랑받고 있습니다. 임진왜란을 도자기의 난이라고도 부를 정도로 일본은 여러 차례의 왜란을 통해 조선의 도공을 일본으로 데려가서 일본 도자 산업의 기초를 닦는 데 일조하게 했죠. 일본은 품질 좋은 도자기에 대한 경험이 부족했기 때문에 조선의 막사발을 귀하게 여겼던 것일까요?”

조선의 막사발은 일본으로 넘어가 ‘이도다완’으로 신분이 상승했다. 막사발이 아직 드물고 낯설게 다가오는 일본인들에게 희소성과 이국적 인상만으로 그 가치가 올라간 것이다. 그리고 그 매력에 일본 사람들이 열광한 것이다. 즉 기존 사회에서 적용되던 사물의 가치 평가 기준은 다른 사회에서 완전히 다른 기준으로 평가되는 것이다.

나는 과거 조선 막사발과 이도다완의 사례처럼 한 사물이 이를 수용하는 사회의 미적 가치 기준에 따라 그 위상이 천차만별로 달라지는 현상을 유럽 내 중국풍 유행과 그 당시 유럽인들에게 중국 도자기가 미치는 영향의 맥락에서 바라보게 되었다.

하나의 사물을 인식하고 그 가치를 평가하는 기준이 사회와 문화권 별로 큰 차이가 있다는 점을 생각하면, 중국의 도자기가 중국에서 평가되던 가치와 유럽 사회에서 평가되는 가치는 상당한 차이를 가지고 있었을 것이다.

도자기 '바닥 면'을 사수하라!

도자기는 평면 회화와 많은 차이점이 있다. 도자기 한 점을 요리조리 다양한 각도로 모든 부분들을 유심히 관찰하지 않으면 그 본질을 꿰뚫어 보기 어렵다. 특히 가장 유심히 보아야 하는 곳은 바로 도자기의 '바닥'이다. 바닥 면은 그 도자기의 수많은 주요 정보가 담겨있는 보고이다. 제작된 가마에 대한 정보, 굽의 상태, 기벽의 얇기, 태토의 이물질 여부, 제작에 사용된 요도구의 정교함 등.

졸업 논문 연구를 하며 겪은 첫 번째 난관이 바로 여기에 있었다. 수많은 논문과 카탈로그를 뒤져보았지만 내 연구에 필요한 도자기의 바닥 면이 촬영된 사진 자료는 턱없이 부족했다. 박물관에 전시된 도자기는 당연히 세워서 전시되기 때문에 일반 관람자는 그 바닥 면을 볼 수 없다. 그래서 도자기 같은 공예품은 회화 혹은 동양화와 비교했을 때 제대로 된 감상을 하기에 제약이 많다. 나는 박물관 내 도자 감상이 상당히 제약적이라는 것을 논문을 집필하면서 처음으로 깨달았다.

게다가 당연히 국내에서는 유럽으로 수출되었던 중국 도자기들을 접할 수 있는 경로가 전무했다. 그런데

다행히 교내 도서관에서 찾은 중국 무역 도자기에 관한 책에서 영국의 빅토리아앤알버트뮤지엄V&A - Victoria and Albert Museum에서 내 연구 주제와 맞는 도자기 컬렉션을 다수 소장하고 있다는 사실을 알게 되었다.

나는 지푸라기라도 잡는 심정으로 박물관 아시아 부서에 자료 열람 요청 차 메일을 보냈다.

"멀리 한국에서 저희 소장품에 큰 관심을 가지고 계신 점, 그리고 무엇보다도 영국 가문의 문장이 장식된 중국 무역 도자기armorial porcelain를 연구한다는 소식에 정말 반가운 마음입니다. 연구자께서 직접 살펴보고 싶은 박물관 내 소장품 리스트를 사전에 알려주신다면 저희가 박물관 내 도자기 스터디룸에서 원하시는 저희 소장품을 최대 15점까지 아시아 부서 큐레이터의 협조하에 도자기 전면을 촬영할 수 있도록 해 드리겠습니다."

한국의, 아직 대학원 학생 신분인 나에게 흔쾌히 작품을 열람할 기회를 제공하겠다는 희망적인 소식은 나에게 논문 작성 의욕을 더해주는 계기가 되었다.

문장 자기 보러
런던까지

파리에서 런던행 유로스타에 올라타자마자 완전히 곯아떨어진 나는 그렇게나 좋아하는 차창 밖 풍경 구경도 하지 못한 채 비몽사몽 런던에 도착했다. 도착 시각 오후 4시, 사시사철 비 내리는 우중충한 런던 날씨에 대한 우려와 달리 화창한 7월 초, 여름 풍경이 나를 반겨주었다. 나는 숙소에 짐을 풀고 근처 펍으로 달려가 맥주 한 잔을 홀짝이며 앞으로 런던에서 진행할 논문 자료 수집 일정을 다시금 체크해보았다.

런던 중국 도자기 자료 수집 계획 (2014. 7)

1~3일 차: SOASSchool of Oriental and Africa Studies, University of London 도서관 방문자 신분으로 방문, 18세기 영국 계급 사회 관련 자료수집, 주요 연구자 발행 도서 자료 수집

4일 차: 대영박물관 내 Sir. Percival David Collection에 포함된 중국 왕실 도자기 관람, 작품 이미지 촬영, 국립도서관 방문 및 18세기 영국 계급 사회 관련 자료 수집

5일 차: 국립해양박물관, 대항해시대 무역품 관련 자료 이미지 및 관련 서적 자료 수집

6~7일차: V&A 방문, 도자기 전시실 집중 관람, 박물관 내 도서관에서 영국 문장 자기 자료 수집, 아시아 부서 어시스턴트 큐레이터 접견 후 사전 열람 요청 도자기 작품 사진 촬영

한국의 서울에서 연구하는 연구자가 제대로 된 18세기 동인도회사, 아시아 무역, 신흥부유층이 급부상한 영국 런던의 사회상, 그리고 그들이 중국에서 사들여온 엄청난 가격대의 도자기들에 대한 자료를 수집하는 건 역시 한계가 있었다. 그나마 다행히 세계적인 도자사학자 혹은 미술사를 사회학적으로 연구하는 연구자들이 출판한 양질의 논문과 단행본 서적에 대한 온라인상의 접근은 가능했다. 도자기 작품에 대한 상세한 분석과 이미지들은 양질의 도자기 컬렉션을 보유하고 있는 영미권 박물관에서 출판한 카탈로그를 통해 접할 수 있었다. 하지만 정작 내가 필요로 한 자료는 온라인으로 얻기에는 확실히 한계가 있었다. 그래서 논문 주제의 주요 배경이 되는 런던에 직접 와서 논문에 대한 자료를 제한된 시간 내에 최대한 열심히 수집하는 것이 연구자로서 내가 할 수 있는 최선의 선택이었다.

현지에서 자료 수집을 보다 효율적으로 하기 위해, 수집해야 할 참고자료 목록을 미리 정리해 두었다. 그 덕에 일주일이라는 짧은 체류 기간에도 나는 많은 자료를 얻을 수 있었다. 해당 기관에 찾아가서 관련 자료를 열심히 복사하고 사진 촬영하면서 시간 대부분을 보냈다. 덕분에 내 첫 런던 방문은 도서관 구석에 있는 복사기의 copy 버튼만 온종일 눌러대고 박물관 전시실에 무릎 꿇고 앉아 카메라 셔터만 연신 누르다가 끝이 났다. 하지만 그렇게 집중적으로 자료를 수집한 덕에 논문 집필에 필요한 자료 부족의 곤란함은 확실히 사라졌다.

출국 전 마지막 일정. 나는 영국 빅토리아앤알버트 뮤지엄에 가서 '도자기 스터디룸porcelain study room'이라는 별도의 연구실로 안내를 받았다. 그곳 작업대 위에는 내가 사전에 열람 신청을 한 도자기 15점 중 10점이 놓여 있었다.

아시아 부서의 협조로 나는 사전에 열람을 요청한 도자기를 실제로 보고 마음껏 사진 촬영을 했다. 촬영하는 내내 미술관 카탈로그에서나 보던 작품을 실물로 보고 있다는 감격에 두근거렸다. 작품을 보면서 내가 품었던 의문, 혹은 확인하고자 했던 도자기 자체의 품질에 대해서 자세히 살펴볼 수 있어서 묵은 체증이 날

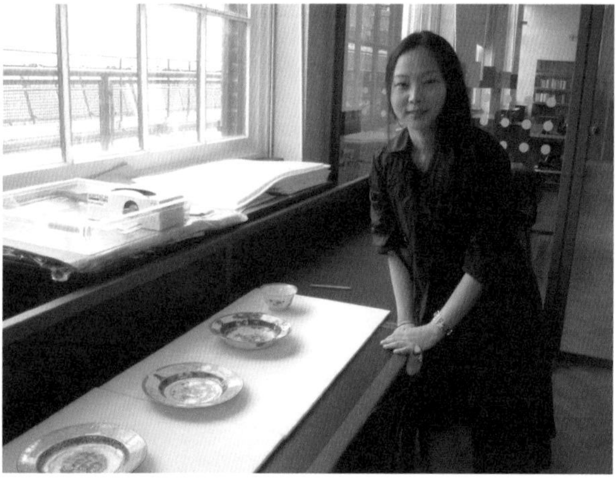

빅토리아앤알버트뮤지엄 도자기 스터디룸에서

아가고 오랜 숙제를 해결한 듯한 짜릿한 쾌감까지 느껴졌다. 나는 18세기 중국에서 주문 제작한 영국 가문의 문장이 장식된 도자기 컵, 접시, 펀치볼 등 다양한 기형의 도자기들을 살펴보면서 그 모습을 하나라도 놓칠세라 연신 셔터를 눌러댔다.

"역시…! 아는 만큼 보이고, 직접 본 사람은 못 이기는 것이구나!"

런던에 오기 전까지 거의 10개월 이상을 카탈로그 속 이미지와 활자로 된 논문으로만 접해오다 현실 세계에서 질감이 느껴지는 실물을 만났다. 이는 비유하자면 오케스트라의 웅장한 피날레 연주에 감격하여 기립 박수를 보내는 듯한 가슴 벅차오르는 경험이었다. 눈을 감으면 그 순간의 흥분감이 아직도 생생하다. 더구나 작품 실견을 통해 파악한 사실과 수집한 사진 이미지들을 기반으로 논문의 주요 내용을 집필할 수 있게 되면서 열심히 자료를 조사하는 것 이상으로 실제로 연구대상을 꼼꼼히 살펴보는 경험이 중요하다는 것을 깨닫게 되었다.

"여기 도자기들을 배경으로 제가 사진 촬영을 해드리고 싶은데, 어떠세요?"

도자기를 보고 흥분한 나의 마음을 알아챈 것인지, 그간 나와 메일로 소통해왔던 아시아 부서 어시스턴트 큐레이터는 멋진 사진을 한 장 촬영해주었다. 그리고 이 사진이 런던에서 촬영한 사진 중 내가 등장하는 유일한 사진이 되었다.

논문 집필,
그 대체 불가한 즐거움

빅토리아앤알버트뮤지엄에서 도자기들을 보았을 때, 그것을 실제로 본다는 감격은 있었지만, 솔직히 도자기 작품 자체가 주는 인상은 전혀 다른 것이었다. 열람을 신청한 도자기들은 사실 나의 예상보다도 더 처참한 수준의 품질이었다. 백자 표면 곳곳엔 불순물이 보였고, 두꺼운 기벽으로 인해 무겁고 비대칭을 이루는 둔탁한 기형과 완성도 낮은 도자기 표면 장식 등 모든 면에서 조악하기 그지없었다. 나는 도자기의 정교함과 장식적 완성도를 집중적으로 살펴보며 이렇게 하등한 품질의 도자기였음에도 당시 영국 사회에서 높게 평가받는 아이러니한 상황에 대한 내 나름의 답을 찾고자 했다.

과거 18세기 영국인들이 단순히 고품질 도자기에 대한 심미안이 부족했던 것일까? 아예 근본적으로 중국인들과는 다르게 도자기 자체의 품질보다 표면의 화려함과 아름다움을 중요하게 생각한 것일까? 문제의 실마리를 찾아 나서며 논문을 발전시킬 수 있었다.

머릿속에 그저 도자기와 18세기 영국과 중국만으로 가득 차 있던 당시의 내 상태는 지금 돌이켜 생각해

봐도 여전히 의문이다. 당시의 나는 논문 주제에 빠져 궁금증을 해소할 때까지 다른 일은 아무것도 하지 않았다. 그저 집요하게 질문에 대한 답을 찾고자 시간과 에너지를 아낌없이 사용했다. 작은 단서라도 발견하고자 수많은 책을 뒤지고, 어렴풋이 추측하는 답을 눈으로 확인하고자 멀리 런던까지 고민도 없이 날아갔다. 학구열에 불타올랐던 당시의 내겐 매 순간이 내 안의 열망을 확인하는 과정이었다.

아마도 내가 찾는 완전한 즐거움이 논문 주제 속에서 쏟아져 나오고 있었던 것이 아닐까? 나의 전문사 논문 집필 시기는 내 인생에 다시 없을, '앎'에서만 느낄 수 있는 대체 불가한 즐거움이 있던 찬란한 시기였다.

다섯 번째 발자국

'멕시코 시티' 미술 시장 속으로

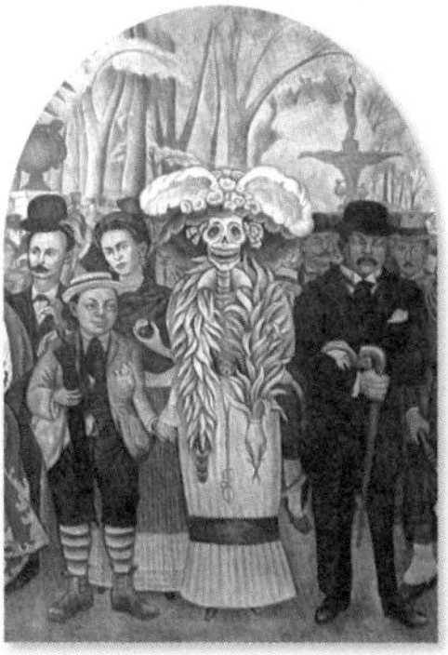

고대유물 갤러리에 오신 것을 환영합니다!

"외국계 갤러리에서 고미술 전공한 갤러리스트를 구하고 있는데, 혹시 관심 있어요?"

대학원을 졸업하고 한창 취업 준비 중이던 나는 타 대학 박사과정에서 중국 도자기를 연구하는 친구의 연락을 받았다. 런던 대영박물관이나 뉴욕 메트로폴리탄 미술관, 파리 루브르 박물관에서나 볼 법한 고대유물을 전시하고 판매하는 한 외국계 갤러리의 서울 지점에서 근무할 생각이 있냐는 흥미로운 제안이었다. 나는 곧바로 인터뷰에 응시했고, 바로 다음 주부터 출근을 시작했다.

갤러리 건너편으로 경복궁의 고즈넉한 돌담이 늘어서 있었고, 그 풍경을 향하는 갤러리 쇼윈도 중앙에는 나의 오래된 기억을 소환하는 말 한 마리가 늠름하게 서 있었다. 다름 아닌 진시황릉을 지켰던 말 도용earthenware figurine이었다. 생애 처음으로 관람했던 진시황릉 전시에서 두려움에 떨며 전시된 유물과 제대로 눈도 마주치지 못했던 9살의 나는 그로부터 20여 년 후, 진시황릉 출토 유물인 말 도용과 매일 아침 인사를 나누는 사이가 될 만큼 성장해 있었다.

고대유물 갤러리에서 근무하게 되고 이전에 전혀 몰랐고 접해본 적 없는 시대와 문명권의 작품을 다루게 되면서 문화권별 흥미로운 역사를 공부할 수 있었다. 특히 갤러리를 방문하는 사람들에게 전문적인 미술사 지식에 기반해 작품을 설명하는 것이 나의 주요 업무 중 하나였기 때문에, 문화권과 문명권을 막론한 전시 작품 스터디를 했다. 가까이는 400~500년 전의 중국 명·청 시기의 도자기 타일부터, 멀게는 2000년 전에 만들어진 고대 이집트와 중국의 유물 그리고 중앙아시아와 고대 아메리카 대륙 문명에 관한 새로운 공부를 했다. 그 결과 기존에 내가 알고 있었던 미술 이론, 그리고 미술사적 인식에 머물러 있었던 문화에 대한 이해가 넓게는 문명에 이르기까지 넓어졌다. 인류 문화사라는 거시적인 흐름 속에서 시대별 사회 상황과 그 시대의 가치관, 미적 취향에 근거해서 작품을 이해하는 의미 있는 경험은 무척 뜻깊었다.

나는 갤러리에서 일하는 갤러리스트였지만 동시에 관람자가 되기도 했다. 일하면서 세계 각국의 문명, 문화권에서 만들어진 고대유물 작품들을 감상하는 아주 특별한 하루하루였다. 처음에는 그 매력을 전혀 알지 못하는, 모든 측면에서 낯설기만 한 유물 작품들에 불과했다. 하지만 내 나름대로 역사적 추측, 미술사적 시점에서의 추론을 하며 작품들의 용도나 목적, 제작 시기 등을 맞추어보니 유물들에게서 새로운 매력이 느껴졌다.

이곳은
박물관이 아닙니다

어느 날, 방문객에게 작품 설명을 하는 나를 보던 갤러리 오너가 내게 말했다.

"예림, 너의 작품 설명은 훌륭해. 하지만 작품을 설

명하기 전에 네가 있는 이곳이 박물관인지, 아니면 작품 판매를 목적으로 하는 상업 화랑인지, 한번 생각해 보는 건 어떨까?"

갤러리에 전시된 수백 점의 유물을 설명하기 위해서 작품과 관련된 역사, 양식사, 특이사항 등 작품의 특징에 대한 세부사항을 철저히 숙지하고 있어야 했다. 매일 같이 스크립트를 짜고 숙지해 방문객들에게 이해하기 쉬운 설명을 제공하기 위해 만반의 준비를 했다. 이렇게 작품 자체가 갖는 미술사적 가치에 치중해 설명하다 보니 "설명을 대단히 잘하시네요!"라는 평은 들었다. 하지만 내 설명으로 작품을 소장하고 싶다는 생각이 들게끔 만드는 일은 전혀 다른 문제의 일이었다.

그래서 나는 '박물관 도슨트' 스타일의 작품 설명을 지양하고자 작품 자체의 역사적인 내용은 조금 덜어내고 그것의 외적 특징이 주는 느낌에 관해서 설명하기 시작했다. 나아가 비슷한 작품을 소장하고 있는 컬렉터가 자신의 공간에서 작품을 어떤 식으로 전시하고 있는지, 현재 해외 미술 시장에서 비슷한 작품에 대한 수요가 어느 정도인지 실제 자료를 보여주면서 작품 소장으로 기대할 수 있는 부분들에 대해서도 구체적으로 설명했다.

하지만 난관은 이뿐만이 아니었다. 작품 설명이 궁극적으로 판매를 위함이라면 컬렉터의 마음을 살 수 있어야만 했다. 그렇다면 먼저 고미술을 사는 그들의 입장이 되어보아야 효과적인 판매 전략을 생각할 수 있을 텐데 아쉽게도 난 그때까지 미술 작품을 구매해 본 적이 없었다. 즉 컬렉터에게 작품의 매력을 어필하는 방법을 전혀 몰랐던 것이다. 여태까지 내가 작품을 경험하는 방식이라고는 관심 있는 작가나 작품의 전시 관람 또는 관련 서적이나 논문을 찾아 읽어보는 것이 전부였기에 작품 구매는 나와 동떨어진 이슈였다.

'나조차 겪어보지 못한 경험을 어떻게 타인에게 권할 수 있다는 말인가?'

좋은 미술 작품, 혹은 눈을 떼지 못할 정도로 마음에 드는 작품을 보면 그저 열심히 관람하는 것만 생각했지 그것을 가지고 싶다, 혹은 그것을 집에 걸어두면 어떨까 하는 생각을 해 본 적 없었다는 사실은 나를 새삼 놀라게 했다.

자신조차 경험해보지 못한 것을 타인에게 권하는 건 기만이다. 삶에서 진정성을 최우선으로 생각하는 내가 아닌가. 구매자의 입장이 되어 소장하고 싶어지는 심리가 발동하는 조건들과 작품을 고를 때 염두에 두는 조건들을 고려해보았다. 심리적, 사회적, 경제적 맥락으로 고려하는 입장이 되어보면 판매를 위한 작품 설명, 즉 작품 판매를 더 설득력 있게 할 수 있을 거란 생각이 들었다.

아트페어를 바라보는
새로운 시각

갤러리 근무 직전 나는 잠시 미국에 머물면서 주요 미술관의 전시와 세계 미술 시장 트렌드를 어렴풋이나마 경험했던 적이 있었다. 매해 12월 초 따뜻한 플로리다 마이애미비치에서 열리는 세계 최대 아트페어, '아트 바젤 마이애미비치 에디션'을 보고자 마이애미에 다녀온 것이다.

갤러리에서 근무하는 동안 수많은 아트페어에 관한 이야기들을 접할 수 있었다. 거기엔 아트페어에서 일어나는 작품 판매뿐만 아니라 아트페어 및 참여 갤러리 VIP들에게 주는 혜택, 주요 갤러리에서 주최하는 파티, 현재 미술 시장에서 주목하는 작가나 트렌드, 향후 있을 아트페어나 대형 전시, 비엔날레에 관한 정보,

거물급 컬렉터의 비하인드 스토리 등 흥미진진한 내용이 들어가 있었다. 그러다 보니 나는 아트페어의 작품 판매가 아닌 아트페어 문화 자체에 흥미가 갔고, 이전까지 관람자의 입장으로 본 아트페어를 이제는 갤러리스트의 입장에서, 그리고 컬렉터의 관점에서 바라보는 새로운 눈을 갖게 되었다.

사실 아트 바젤 같은 대형 아트페어에서 거래되는 작품들 중 매력적인 작품은 중산층 기준의 개인이 쉽게 구매할 수 있는 가격대가 아니다. 적게는 수천만, 기본 수 억대에서 수백억대의 작품들은 감히 내가 구매할 수 있는 작품이 아니었다. 엄청난 자산가, 컬렉터, 혹은 미술관이나 박물관을 운영하는 문화재단, 기업, 투자회사 등이 대형 아트페어에서 이런 작품을 구매할 수 있다. 대신 이들을 통해 세계 미술 시장이 운영되는 생리를 이해할 수는 있다.

이러한 커다란 흐름 속에서 과연 나는 앞으로 무엇을 할 수 있을까? 이 질문에 대한 답을 위해서 직접 넓은 세상에 나가 미술 시장이 어떻게 흐르고 있는지, 직접 찾아가서 보고 판단하는 방법이 가장 효과적일 것이라는 생각이 들었다. 나는 먼저 세계 미술 시장이 지역마다 어떤 특징과 차이를 가졌는지, 직접 그 시장을 눈으로 확인하면서 앞으로 나아가야 할 길을 찾겠다고 결심했다. 그리고 얼마 후 갤러리를 그만두고 미국 내 각 도시와 홍콩, 멕시코 등 국내외의 크고 작은 규모의 아트페어를 본격적으로 방문하고 직접 작품을 구매하면서 미술을 대하는 내 근본적인 방식의 변화를 꾀하기 시작했다.

이런 변화를 선택한 데에는 다년간의 미술계 경험을 통해 '결국 제대로 잘 사는 사람이 잘 팔 수도 있다'라는, 미술 시장에 대한 내 나름의 신념이 섰기 때문이었다.

낯설지만 핫한
'멕시코 아트 신'

내가 일하던 갤러리는 외국계 갤러리였던지라 매일같이 뉴스레터로 전 세계 미술계의 최신 이슈가 도착했다. 나는 세계 미술 시장 트렌드를 파악하고자 매일 기사들을 살펴보는 것으로 오전 시간을 보내곤 했다. 그러던 중 매우 생소한 내용의 기사 헤드를 발견하게 되었다.

"세계 미술계는 지금 멕시코를 주목한다!"

기사 헤드라인을 읽은 내 첫 반응은 물음표 그 자체였다. 뜬금없이 왜 멕시코 미술 시장을 주목하는 걸까? 일단 멕시코 미술이라고 했을 때 머릿속에 떠오르는 이미지라고는 '프리다 칼로'와 '마야 문명', 그리고 갤러리에서 일하게 되면서 새롭게 알게 된 '올멕 문명' 정도가 전부였다.

고개를 갸우뚱하며 기사 내용을 살펴보니 전 세계적으로 활약하고 있는 작가, 디자이너, 건축가 등의 공통점이 바로 멕시코 출신이라는 내용이었다. 멕시코에서 IT 계열 비즈니스를 성공적으로 이끈 신흥부유층의 대형 자본이 문화예술계, 특히 미술품 수집으로 흘러들어간다는 점, 그리고 미국 내 주요 미술관에서 향후 멕시코 미술과 관련된 대대적인 전시가 진행될 예정이라는 내용의 기사는 매우 신선하게 다가왔다.

그러나 아무리 세계적인 주목을 받는 시장이라고 해도 멕시코라는 나라의 미술, 그리고 그 시장에 대한 한국인들의 심리적 거리감은 엄청날 것이다. 멕시코 미술계에서 일어나는 변화는 솔직히 말해 한국인에게 흥미를 끌기엔 역부족이었다. 하지만 서울-뉴욕 간의 비행시간과 겨우 서너 시간 차이나는 서울-멕시코의 비행시간을 생각해 보았다. 멕시코라는 나라에 대한 막연한 심리적 거리감은 그저 기분 탓이 아닐까? 그래서 나는 '까짓거, 한번 가보기나 해 볼까'라는 생각까지 들었다. 대체 왜 그곳의 미술 시장, 미술계를 주목해야 하는지, 지금 어떤 놀라운 일이 벌어지고 있는지 내 눈으로 직접 보고 판단하고 싶어 곧바로 멕시코시티행 비행기에 몸을 실었다.

아트페어의 새로운 모델,
머티리얼 아트페어

여러 번의 환승을 거쳐 가까스로 멕시코시티에 도착한 나는 숙소에 짐을 풀고 나와 플라자 데 라 리퍼블리카(공화국 광장) 근처를 산책하며 멕시코에 온 실감을 만끽했다. 그곳에는 혁명 기념비뿐만 아니라, 혁명 박물관이 있었고, 광장 곳곳에는 친구끼리 나와 보드를 연습하는 청년들과 분수 근처에서 물놀이를 하며 즐거워하는 아이들, 광장을 가로질러 바쁘게 길을 건너가는 회사원을 볼 수 있었다. 멕시코의 일상이 보이는 풍경이었다.

나는 멕시코 혁명기념비Monument to Revolutio가 한눈에 들어오는 카페에 들어가 아메리카노 한잔을 시키고 멕시코시티에서 보낼 일주일간의 일정을 짜기 시작했다.

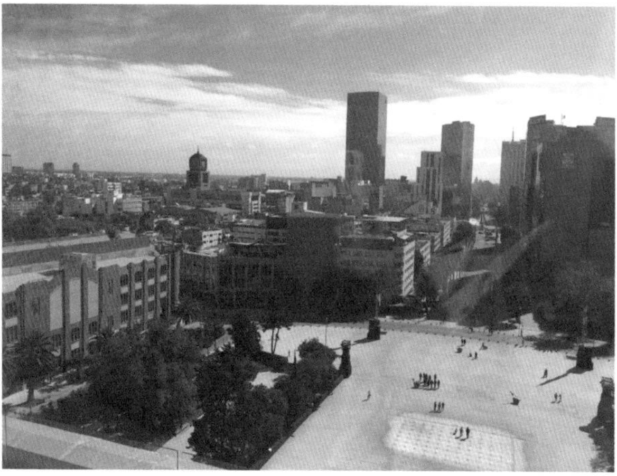

멕시코시티 '플라자 데 라 리퍼블리카'에서 바라본 정경

그리고 내 옆으로 한 무리의 사람들이 들어와 앉았는데, 우연히 그들이 하는 이야기가 드문드문 귀에 꽂혔다.

'갤러리스트? 아니 큐레이터인가?'

그들의 이야기는 예술에 관련한 것이었고, 테이블 위엔 한 아트페어 지도가 수록된 소책자가 놓여 있었다.

'머티리얼 아트페어Material Art Fair'

나는 스마트폰의 인터넷 앱을 켜고 검색해서 머티

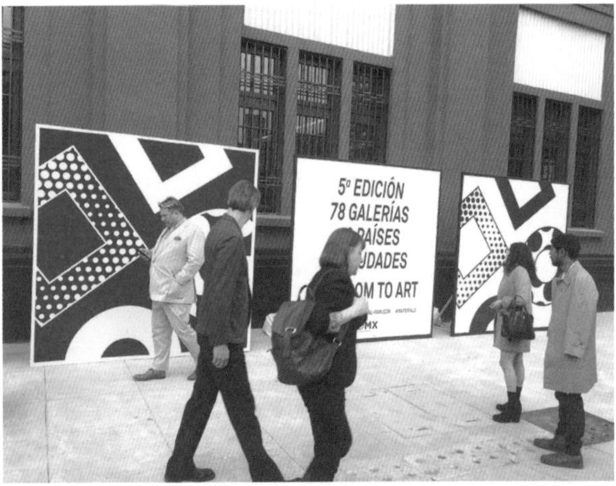

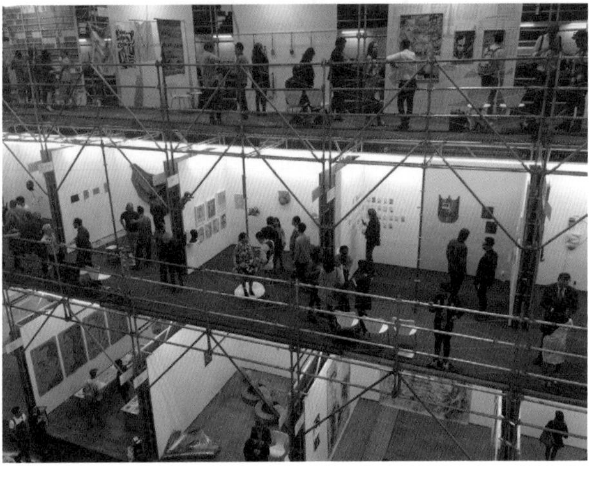

머티리얼 아트페어(2018) 풍경

리얼 아트페어가 오늘부터 프론톤 멕시코Fronton Mexico라는 곳에서 열린다는 것을 확인했다. 프론톤 멕시코는 리퍼블릭 광장에서 멀지 않았다. 그렇다. 나는 이 아트페어를 보기 위해 멕시코행 비행기에 몸을 실은 것이다.

머티리얼 아트페어는 2014년부터 멕시코시티에서 시작된 아트페어로 멕시코를 비롯한 파리, 브뤼셀, 마드리드, 뉴욕 등 전 세계 유능한 젊은 작가들의 예술세계를 한자리에서 만나볼 수 있는 국제적인 규모의 아트페어였다.

아트 디렉터 슐츠와 델바하라Brett W. Schultz & Daniela Elbahara는 갤러리 요테펙Yautepec을 운영하며 주기적으로 대형 아트페어에 출전했다고 한다. 그러나 이 과정에서 그들의 비전과 초대형 아트페어의 방향성이 조화를 이루기엔 한계가 있다는 사실을 직면하게 되었다. 가고시언Gagosian, 즈워너Zwirner 갤러리 같은 슈퍼 리치급 갤러리들이 참여하는 초대형 아트페어에선 출전 갤러리마다 수백억 원대 작품을 출품하며 그 위상을 자랑하기 바쁜 것이 사실이다. 당연히 모든 스포트라이트는 대형 갤러리들의 컬렉션에 집중되며, 판매 수익 또한 비교할 수 없다.

그러다 보니 아트 바젤이나 프리즈 같은 대형 아트페어에선 자신들 같이 새롭고 실험적 시도를 하는 젊은 작가를 중점적으로 소개하는 갤러리는 존재감을 드러내기가 어렵다고 생각했다. 그래서 그들은 젊고 실력 있는 작가의 작품을 합리적인 가격대에서 구매할 수 있는 아트페어를 만들고자 했고, 소속 작가들을 적극적으로 소개하고 큐레이터로서 전시를 기획하며 직접 갤러리까지 운영하는 사람들을 수소문하기 시작했다. 그렇게 만들어진 것이 바로 머티리얼 아트페어Material Art Fair다.

특히 이 아트페어의 중요한 포인트는 소규모 아트페어지만 오직 초대받은 갤러리만 참여할 수 있다는 것이다. 자신들만의 정확한 방향성과 기준 아래 전 세계 곳곳의 힙한 갤러리를 조직위원회가 선정하고, 최종 심사를 해 엄선한 70여 개의 갤러리가 참여한다.

아트페어는 마치 패션 위크를 떠올리게 하는 웅장하고 다이내믹한 음악, 그리고 그 속을 분주하게 오가며 리듬을 실어 나르고 있는 사람들의 에너지로 가득했다. 나는 눈에 가득 차게 무언가가 보이고, 마치 귀가 처음 트인 아기처럼 여러 소리가 들리는 상황 속에 서 있었다. 다소 고루한 느낌을 지울 수 없는 국내 아트페어와는 완전히 다른, 젊고 도전정신 넘치며 파워풀한 느낌. 그것이 머티리얼 아트페어만의 매력이었다. 이 아트페어만으로 멀리 멕시코까지 올 가치가 충분했다.

아직은 상대적으로 널리 알려지지 않은 갤러리들 속에서 어색하거나 어설픔이 아닌, 새로운 감격을 느낄 수 있다는 점. 여기서 나는 앞으로 한국 미술 시장이 가야 할 길을 제시해 줄 나침반을 찾은 기분이었다. 초대형 아트페어와 비교했을 때 그 규모는 작을지언정, 갤러리 선정에 있어 단단하고 입체적인 기준 철학을 가지고 있어야 하며 아트페어 전체가 하나의 몸으로 이전과 다른 비전을 보여주는 건강한 성장이 있어야 한다. 그래서 대중에게 시장에 대한 새로운 메시지와 비전을 주면 좋겠다는 생각을 했다.

머티리얼 아트페어에는 여러 도시의 갤러리가 참여하지만, 그중에서도 단연 뉴욕에 위치하고 있는 갤러리가 주축을 이루고 있었다. 기획자인 슐츠는 인터뷰에서 이에 관해 설명하고 있는데, 미국은 멕시코에서 가장 가까운 거대 미술 시장이고 그중 뉴욕은 세계 미술 시장의 중심이기 때문에 그 의미가 크다고 했다.

머티리얼 아트페어는 국내에서 쉽게 만나보기 어려운 북유럽, 라틴 아메리카에 위치한 현대 미술 갤러리들과 소속 작가들의 작품을 한눈에 볼 수 있다는 점에서 꼭 한번 가볼 만할 아트페어다. 비록 규모가 작을지언정 자신들만의 엄격한 기준 아래 소속 작가들을 영입하고 주목할만한 전시를 기획하는 프런티어 갤러리

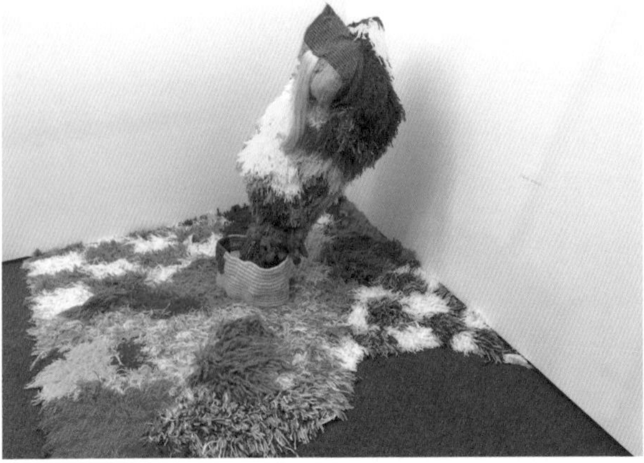

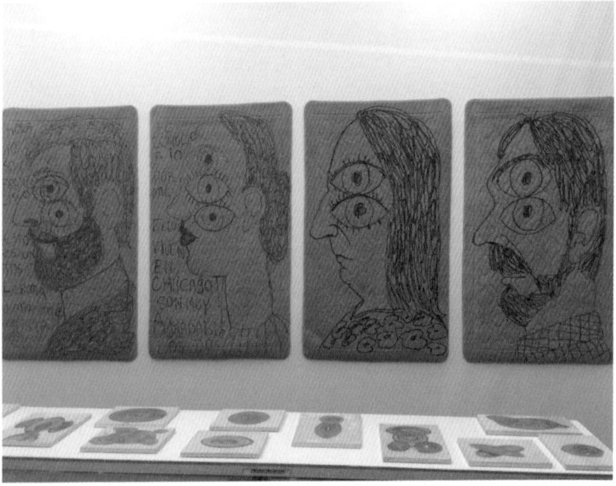

머티리얼 아트페어(2018) 풍경

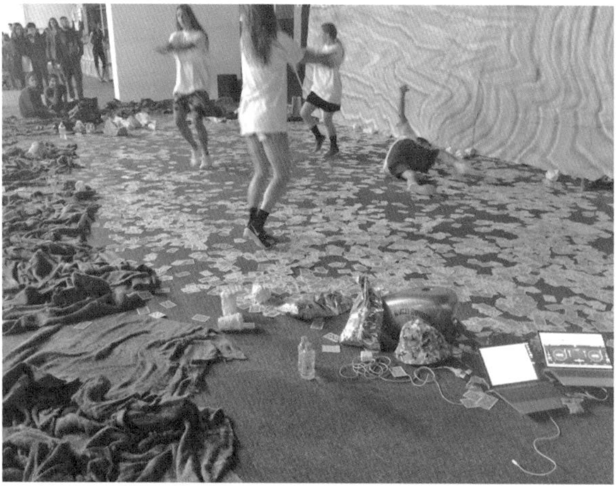

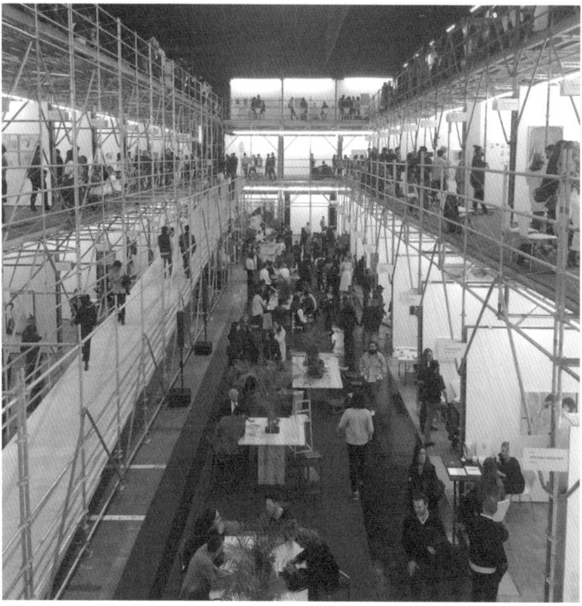

의 참여를 지향하는 행사이기 때문에, 한국에서 활동하고 있는 내가 이름을 들었을 때 단번에 알 수 있는 갤러리를 찾기란 쉽지 않았다. 하지만 아트페어에 모인 갤러리들이 선보이는 특색 있는 컬렉션들은 나를 비롯한 관람객들의 시선과 호기심을 끌기에 충분히 매력적이고 신선했다.

"서울에서 왔다고?"

스웨덴에서 참가한 한 갤러리 부스로 들어가 유심히 작품을 보고 있었는데, 내게 다가와 웃으면서 자신을 갤러리 디렉터라고 소개하던 여성분이 내가 서울에서 왔다고 하자 급히 반색했다.

알고 보니 이번 머티리얼 아트페어에 갤러리 대표로 참가한 작가 중 호세 리온 세릴요Jose Leon Cerrillo가 2016년 광주 비엔날레에 참여해서 한국에 왔었다고 한다. 그리고 또 다른 소속 작가인 자비에 베일한XAVIER VEILHAN의 조각 작품 〈The Skater〉가 경기도 오산시에 전시되어있다고 했다.

나는 그녀와의 만남 전에도 아트페어 입구에서 한 작가를 만났는데, 그는 행사장 근처 갤러리에서 친구들과 그룹 전시를 한다며 내게 보러 오라고 적극적으로 홍보했다. 그러면서 나보고 어디서 왔냐고 물어보았고 내가 한국에서 왔다고 하니 아주 반가워하면서 자신이 몇 해 전 광주 비엔날레에 참여한 작가라고 소개하는 것이 아닌가. 모 디렉터를 알고 있냐길래 내 대학원 시절 교수님이셨다고 했더니 세상 참 좁다며 반가운 마음에 한참을 이야기했다.

멕시코시티까지 날아와서 여기저기서 불쑥불쑥 한국과 인연이 있는 세계 각국의 작가들을 만나다니. 그들도 나도 참 멀리까지 왔다 갔다 하며 우연한 기회에 연이 닿게 되는구나 하는 생각이 들어 재미있었다.

멕시코의 민중미술가,
디에고 리베라

그렇게 아트페어 관람으로 정신없이 하루하루를 보내다 보니 이곳에 머무를 수 있는 날이 얼마 남지 않았다는 사실을 깨닫게 되었다.

'이곳이 아니면 결코 볼 수 없는 작품은 무엇일까? 프리다 칼로? 하지만 칼로의 작품은 미국이나 한국에서도 볼 수 있을 텐데….'

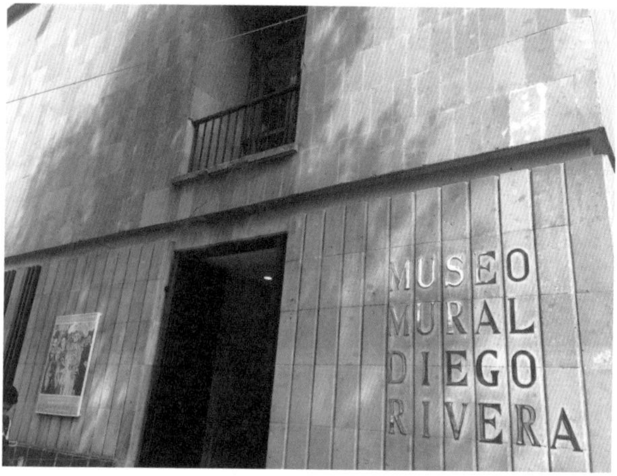

디에고 리베라 뮤랄 뮤지엄 입구 풍경

결론적으로 이 생각은 칼로의 남편이자 멕시코 근현대 미술의 대가, 세계적인 예술가 디에고 리베라로 귀결되었다.

나는 디에고 리베라 뮤랄 뮤지엄(혹은 벽화 미술관)에 도착했다. 그리고 미술관 입구에서 회화 작품 한 점에 시선이 멈추었다. 캔버스 10호 사이즈 남짓 되는 작품은 눈을 치우고 있는 사람들의 역동적인 모습이 다소 차분한 작중 분위기 속에 묘사되어 오묘한 분위기를 자아내고 있었다.

이 작품은 몇 해 전 스위스 제네바에서 우연히 들른 갤러리에서 난생 처음 접했던 디에고 리베라의 작품

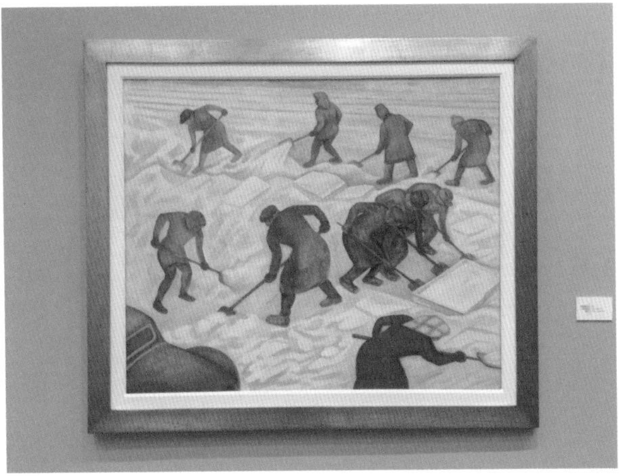

디에고 리베라, <눈을 삽질하는 사람들>

한 점을 떠올리게 했다. 제네바의 르망 호숫가 근처를 발 닿는 대로 걷다가 우연히 들어선 한 골목 안. 중세시대부터 있었다는 길 안에는 크고 작은 갤러리들이 모여있었고, 나는 우연히 들른 한 갤러리에서 벽에 걸린 회화 작품 한 점에 눈길을 빼앗겼다. 가로로 길쭉한 모양의 캔버스에는 피부가 주황색에 가까운 붉은 톤으로 채색된 사람들이 똑같은 흰 셔츠를 입은 채 일련의 구도로 서서 노동하고 있는 모습이 묘사되어 있었다. 인물들의 얼굴은 전에 본 적 없는 이국적인 모습이었다.

"이 작품은 누구의 작품인가요? 정말 인상적이네요."

"멕시코 작가 디에고 리베라의 작품이에요."

그전까지 리베라의 작품을 직접 접할 기회가 없었던 나는 그의 작품을 만난 순간 특유의 인물 묘사 기법과 우울한 듯 오묘하면서도 화려함을 잃지 않은 색감에 매료되었다. 리베라가 선택한 색들은 보통의 파랑, 보통의 주황, 그리고 보통의 빨강과는 확연히 다른 뭔가 더 특별함이 녹아 있었다. 자칫 고요한 듯 멜랑꼴리하면서도 동시에 결코 화려함을 잃지 않는 리베라 특유의 컬러감과 작중 분위기는 눈을 뗄 수 없게 만드는 묘한 힘이 있었다. 이런 독특한 매력은 리베라 화풍의 진한 여운을 오래오래 느낄 수 있게 해주었다.

사람들이 디에고 리베라 뮤랄 뮤지엄에 몰려오는 이유는 아주 간단하다. 바로 리베라 전 예술 생애에 걸친 걸작이자 초대형 벽화 작품 〈알라메이다 공원의 어느 일요일 오후의 꿈〉을 보기 위해서다.

디에고 리베라는 〈알라메이다 공원의 어느 일요일 오후의 꿈〉에 스페인 식민지령이 된 이후 400년간 멕시코에서 일어난 역사적 사건들을 시간과 공간을 초월해서 교차 배치하고 상류층과 하류층의 대조적인 삶을 집약적으로 보여주었다. 리베라는 이 작품 전반에서

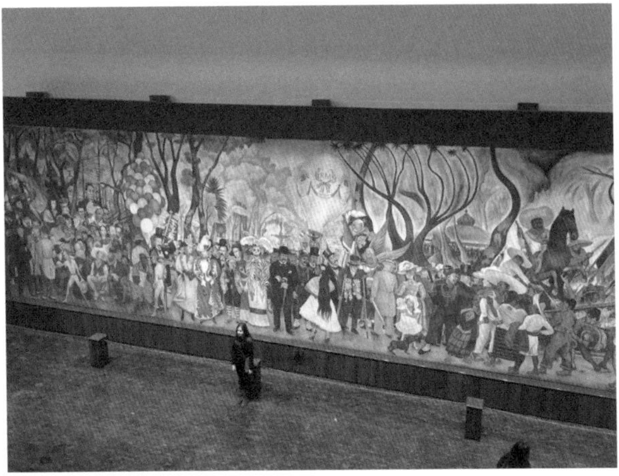

2층에 올라가야 겨우 그 전체를 볼 수 있을 정도로 거대하다.

가난하게 살아가는 멕시코 민중의 비참한 삶의 모습과 식민지배자들의 호화로운 삶의 모습을 대조적으로 묘사했다.

그만의 독자적인 스타일을 담은 이 작품은 종종 동시대 유럽권을 휩쓸었던 초현실주의 예술가 살바도르 달리와 비교되기도 하는데, 미술관에선 달리의 작품 세계와는 확연히 다른 리베라만의 세계관을 경험할 수 있다. 작품은 미술관 1층과 2층 벽에 가득 차게 그려져 있고, 한눈에 들어오지 않을 정도의 엄청난 크기를 자랑한다. 또한 그 크기만큼이나 작품 이미지가 주는 인상 또한 강렬한데, 디에고 리베라는 이 작품에서 멕시

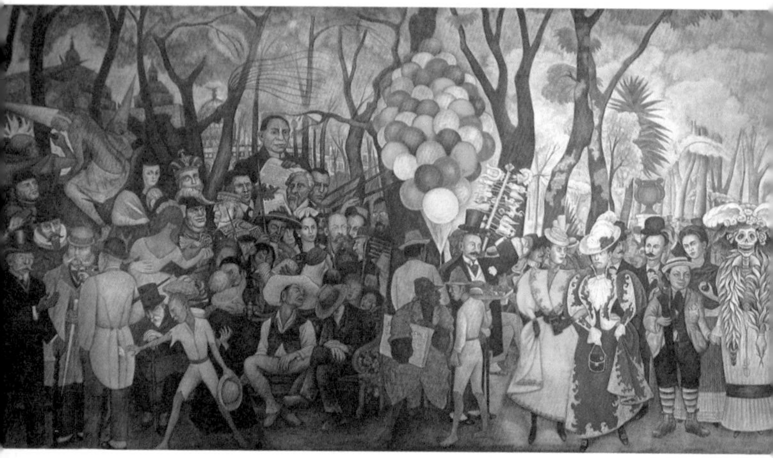

디에고 리베라, <알라메다 공원의 어느 일요일 오후의 꿈>
디에고 리베라는 커다란 벽면을 가득 채우는 작품 전반에 멕시코 민중의 고단한 삶과 지배계층의 사치스러운 삶을 대조적인 구도로 묘사함으로써 당대 멕시코 사회의 부조리한 현실을 신랄하게 비판했다.

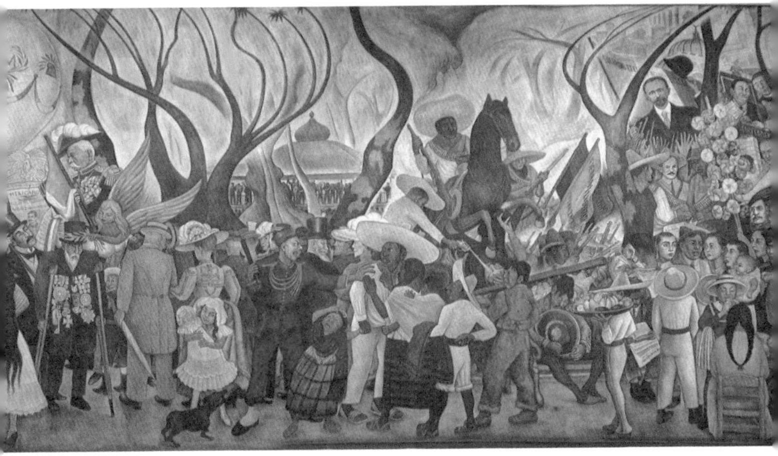

코 사회가 잊지 말아야 할 역사적 사건을 자신만의 화법으로 구현했다.

작품을 감상하는 내내 이미지가 뿜어내는 폭발적인 에너지는 내가 이전에 경험했던 강렬한 인상과는 또 다른 것이었다. 〈알라메이다 공원의 어느 일요일 오후의 꿈〉은 리베라의 세계관과 뛰어난 상상력과 표현력, 구도 및 컬러, 스토리텔링 등 기획과 제작과정에 경외심이 생길 수밖에 없는 걸작이다.

디에고 리베라의 작품을 바라보며 나는 다시 내 안의 오래된 질문에 대해서 생각해 보았다.

'나는 누구이고, 어디에서 왔으며, 그런 내가, 나만이 할 수 있는 일은 과연 무엇일까.'

멕시코라는 나라가 내게 보여준 문화유산과 예술가들의 역량은 저 질문에 대한 좋은 답이 아닐까 생각된다. 고대문명, 스페인 지배령, 독립 멕시코 등 역사적 시련이라는 토양에서 싹튼 예술이 그 척박한 토양에 뿌리내리고 문화적으로 꽃피기까지 얼마나 치열하고 고단한 과정이 있었을까. 이를 깨닫게 되면서 비로소 세계가 왜 멕시코 미술이 가진 우수함과 그 가능성에 주목하는지 알 수 있었다.

전에는 알지 못했던 멕시코 문명과 현대 미술 시장, 민중미술을 주축으로 하는 멕시코 근현대 미술, 그리고 그 근간이 되는 근현대 멕시코 역사까지. 나의 멕시코 미술 여행은 이를 알게 되면서 그동안 쌓아 올린 나의 모든 경험이 더욱 확장되고 그 진정한 의미에 대해서 돌아볼 수 있는 계기가 되었다.

여섯 번째 발자국

'LA' 미술 시장 속으로

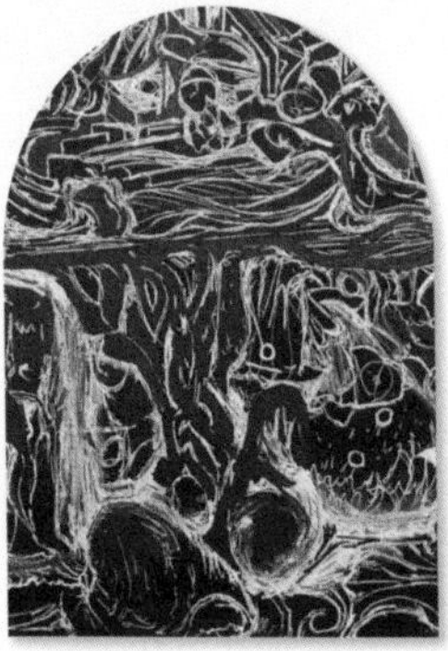

월드클래스 아트페어에서 VIP의 의미

멕시코시티에서 관람한 머티리얼 아트페어를 기점으로, 나는 본격적인 국내외 아트페어 투어에 박차를 가하게 되었다. 미국 마이애미에서 열리는 세계적인 아트페어 '아트 바젤 마이애미 비치'를 시작으로 '아트 바젤 홍콩', '프리즈 LA'까지. 여러 초대형 아트페어를 경험하면서 각 국가와 도시마다 페어 분위기는 어떻게 다른지, 참여하는 갤러리와 그들이 선보이는 작가와 그들의 작품 주제, 형태, 매체, 가격대는 어떤 차이를 갖는지 비교하면서 세계 미술 시장 트렌드를 내 눈으로 직접 확인했다.

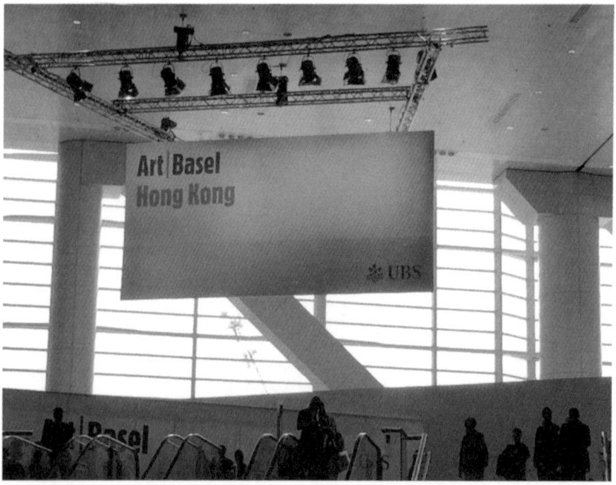

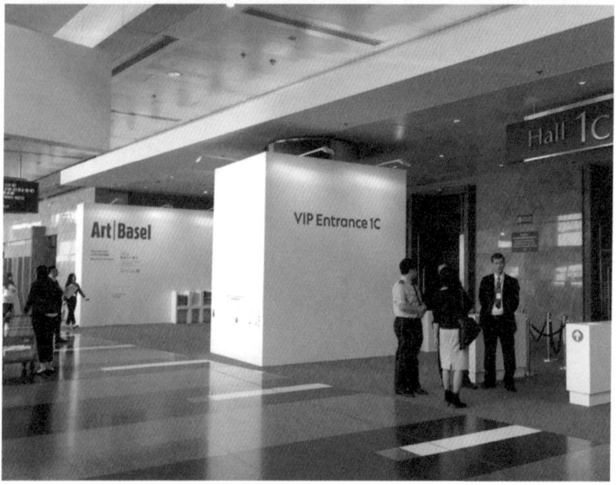

아트 바젤 홍콩 VIP 전용 입구 풍경.
아트페어 VIP는 프리뷰와 VIP 대상 각종 이벤트에 참여할 수 있다.

아트 바젤 홍콩에서는 친구가 큐레이터로 근무하는 국내 갤러리의 배려로 VIP 자격으로 관람할 수 있었는데, VIP에게만 제공되는 특별한 서비스 덕분에 미술 작품 관람과 구매 이외에도 페어 부대행사가 선사하는 다채로운 이벤트를 축제처럼 즐길 수 있었다.

내가 생각하는 아트페어 VIP의 최대 장점은 공식 오픈 하루 전에 'VIP 프리뷰'를 통해 한산하고 쾌적한 분위기에서 작품을 먼저 감상하면서 구매하고픈 작품을 선점할 수 있다는 점이 아닐까 생각된다. 그리고 누구보다도 아트페어를 먼저 보면서 출품된 작품들에 대한 인상과 현재 시장에서 가장 핫한 작가의 작품 대한 정보를 우선적으로 접할 수 있다는 점에서 가능만 하다면 VIP 프리뷰로 보는 편이 좋겠다는 생각을 했다.

누구보다 빠르게 새로운 경험을 하고 싶다면 부단히 노력하는 방법밖에 없다. 내가 멕시코 미술 시장에 대한 헤드라인을 읽고 바로 멕시코로 떠나 세계 미술 시장에서 놓치지 말아야 할 이슈와 트렌드에 대한 인사이트를 넓혔던 것처럼. 그래서 세계적인 아트페어인 프리즈 아트페어가 런던, 뉴욕에 이어 LA에서 론칭한다는 소식을 들었을 때, 별다른 고민 없이 캘리포니아로 날아갔다.

할리우드 스벅에서 만난 길 위의 아티스트

한국은 아직 한겨울인 2월 초, LA에 도착한 내가 느꼈던 캘리포니아의 찬란한 햇빛과 무더위는 마치 때아닌 여름 방학을 맞이한 것 같은 기분을 들게 했다. LA의 자유로운 도시 분위기는 내 마음에 쏙 들었다.

로스앤젤레스 국제공항LAX, 산타바바라의 레스토랑, 할리우드의 카페, 미술관 등에서 만났던 현지인들은 늘 활기차 보였고 이방인인 나에게 한결같이 친절하고 살갑게 대해주었다. 어딜 가든 환영받는 기분이 들었던 덕분에 LA에 머무는 동안 기분 좋은 하루하루를 보낼 수 있었다.

나는 LA에 도착 후 곧장 할리우드로 향했다. 거기엔 내 첫 숙소와 프리즈 LA가 열리는 파라마운트 스튜디오 영화사가 있었다. 숙소에 도착해 짐을 풀고 나니 시차를 쫓아낼 진한 커피 한잔 생각이 간절했다. 나는 숙소에서 도보 10분 거리의 스타벅스 할리우드 지점까지 걸어갔다. 길에는 벽면 곳곳에 재빠르게 휘갈겨진 그래피티나 인물들이 그려진 초대형 벽화가 잔뜩 있었고, 이를 보며 앞으로 머물게 될 LA라는 도시에 대한 기대감이 고조되었다. 여기저기 영화 관련 회사들의 상호를 살펴보면서 할리우드 분위기를 만끽하며 걷다 보니 어느새 스타벅스 할리우드점에 도착했다.

나는 제일 큰 사이즈의 아메리카노 한잔을 시키고 커피가 나오길 기다리며 자리에 앉아 사람들을 살펴보았다. 그러다 얼핏 보아도 7~8점은 되어 보이는 회화 작품을 제대로 포장도 하지 않은 채 테이블 위에 쌓아두고 초연히 커피를 마시고 있는 한 남자가 내 시야에 들어왔다.

'저 사람은 대체 뭐 하는 사람일까? 아트 딜러? 갤러리스트? 작가? 아니면 컬렉터?'

나는 남자 옆에 쌓여있는 캔버스에 그려진 그림이 과연 어떤 작품일지 궁금한 마음에 용기를 내어 그에게 웃으며 인사를 건네 보았다. 다행해도 그는 나의 인사에 반갑게 화답해주었다. 그리고 각자 소개를 하고 이야기를 나누다가 그가 아마추어 작가이고, 옆에 있는 그림들은 자기가 오늘 오전부터 방금 전까지 해변에서 그린 작품들이라는 사실을 알게 되었다.

"사실 저는 이라크 전쟁에 파병되었던 미군이었어요. 지금은 퇴역했고요. 불행히도 참전 현장에서 끔찍

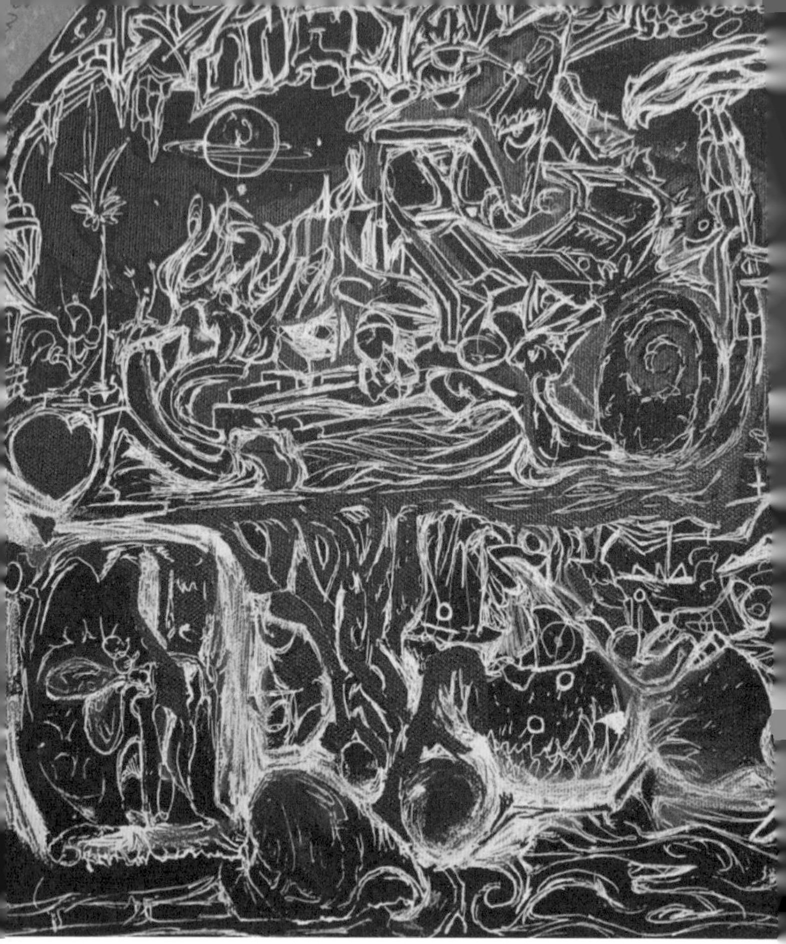

마이크 보타, <눈꽃>

한 트라우마를 겪게 되었고, 정신적으로 너무 힘든 상황이 되어서 퇴역을 결심했지요. 퇴역 후 미국으로 돌아와서 한동안 힘든 시기를 겪었어요. 한참을 방황하다가 이렇게 폐인이 되면 안 되겠다는 생각이 들어 지금은 이렇게 제가 어린 시절부터 좋아하던 그림 그리는 일에 몰두하면서 조금씩 나아지고 있죠. 이곳 LA에 온 지는 거의 한 달이 다 되어가요. 여기에 작업하는 스튜디오는 따로 마련하지 않았고 보통 아침 일찍 해변에 나가서 내내 그림을 그리고, 작품을 사고 싶다는 사람을 만나면 작품을 팔기도 하면서 그렇게 자유롭게 지내고 있어요. 여기서 머물 수 있는 만큼 여유롭게 머물다가 서부 해안가를 따라서 이동할 계획입니다."

오늘 처음 보는 나에게 자신의 개인적인 이야기를 스스럼없이 이야기 해주면서 자기가 오늘 아침부터 방금 전 까지 해변가에 앉아서 그린 그림들을 한 점 한 점 보여주며 친절히 설명해주었다. 어릴 적 낙서를 하던 추억을 이야기하면서 일종의 끄적임과도 같은, 추상적이면서도 다소 그래피티와 같은 스트릿 아트 분위기가 물씬 나는 그만의 작품 세계를 엿볼 수 있는 흥미로운 작품이었다.

나도 그에게 내 소개를 하면서 이번 주말 LA에 새롭게 론칭하는 프리즈 아트페어를 보러 멀리 서울에서 날아온 아트러버라고, 지금은 블로그와 인스타그램 SNS에서 '아치쿠ARTSYKOO'라는 이름으로 활동하면서 세계 곳곳의 아트 신을 직접 찾아가 포스팅하며 앞으로 내가 할 일에 대한 구상을 하고 있다고, 그리고 불과 2시간 전에 이곳 LA에 도착했다고 말했다.

내가 미술 분야에 몸을 담고 있고 한국에서 왔다는 이야기에 놀라워하면서도 반가워하던 그는 나에게 만난 기념으로 오늘 그린 자신의 작품을 중 한 점을 선물로 줄 테니 골라보라는 놀라운 제안을 했다. 나는 주저하다가 그의 선한 마음을 거절할 수 없었고, 나 또한 그의 작품이 흥미롭게 느껴져 작품 한 점을 수줍게 골랐다. 그는 아주 잘 골랐다고 기뻐하며 작품 곳곳에 자신이 어떤 의도를 가지고 그림을 그렸는지에 친절히 설명해주었다.

LA를 아직 제대로 구경도 채 못한 상태에서 커피를 마시러 우연히 카페에 왔다가 이야기를 나눈 거리의 작가에게 예상치도 못한 아주 근사한 작품 선물을 받다니. 나는 그렇게 시작부터 아티스틱한 선물 같은 하루를 보냈다.

영화와 미술이 만났을 때

LA의 2월은 문화 예술의 대형 이벤트가 도시 곳곳에서 동시다발적으로 열리는 달이다. LA아트페어위크, 프리즈 LA, ALAC Art Los Angeles Contemporary, 펠릭스Felix, 스타트업아트페어stART up art fair가 같은 주간에 동시다발적으로 진행된다. 거기다 오스카 시상식까지, 말 그대로 미술과 영화의 총집합이 이루어지는 이벤트 선물 꾸러미 같은 달이다.

"그림 그리기가 싫어질 때 나는 일주일 이상 영화를 보러 가죠. 정기적으로 영화를 엄청나게 많이 봅니다."

— 에드워드 호퍼

예전에 전시기획 수업을 들을 때, 청강생이었던 한 영화과 학생이 '영화 구도에서 찾아볼 수 있는 회화 작품들'이라는 주제로 발표를 한 적이 있었다. 나는 이 발표를 들으며 영화와 미술의 상관관계에 대해 생각하게 되었다.

그 학생의 발표에 의하면 호퍼의 작품 〈밤을 지새우는 사람들nighthawks(1942)〉이 허버트 로스의 영화 〈내 사랑 시카고Pennies from Heaven(1981)〉에 영향을 주었고,

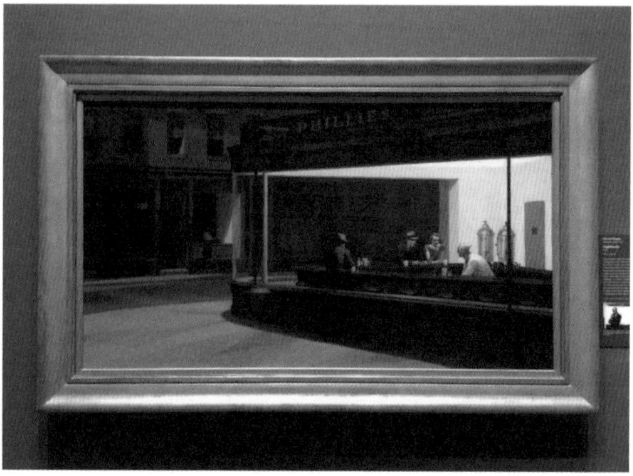

에드워드 호퍼, <밤을 지새우는 사람들>

알프레드 히치콕의 작품 〈싸이코Psycho(1960)〉도 호퍼의 〈House by the Railroad(1925)〉의 영향을 받았다고 했다. 생각보다 많은 유명 영화 감독이 호퍼의 작품에 영향을 받아 자신의 작품 속 주요 장면으로 구현했다는 사실을 알게 되었고, 이 사실은 당시 나의 흥미를 크게 끌었다.

영화 감독의 시각 구현 세계관에 미술가의 작품이 강렬하게 영향을 끼쳤고, 감독은 이를 자신의 영화에 녹여내는 방법을 통해 해당 작품과 작가에 대한 자신의 존경심을 드러냈다고 해석할 수 있기 때문이다.

재미있는 사실은 호퍼 또한 영화광이었다는 것이다.

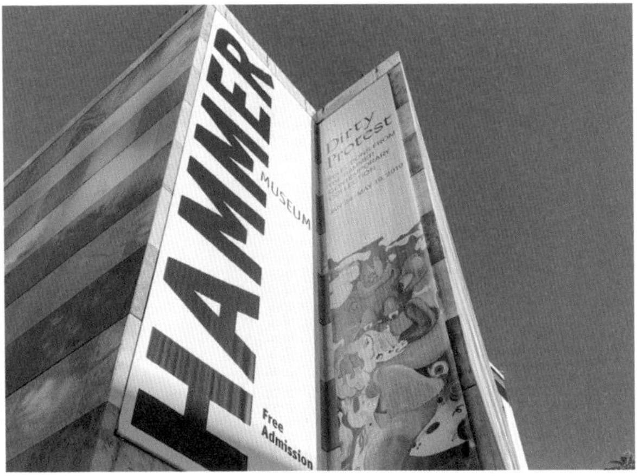

로스앤젤레스 캘리포니아 대학교(UCLA)와 제휴한 해머뮤지엄은 창립자 아먼드 해머의 소장품 및 감각적인 현대 미술 전시를 선보이는 LA의 대표 현대 미술관이다.

주로 자신의 부인과 함께 느와르 영화를 보러 가는 것을 즐겼다고 한다. 또한, 그의 작품 중엔 영화관 커튼이 올라가거나 조명이 꺼지기를 기다리는 관객 '개인의 고독'을 기록한 작품 〈New York Movie(1939)〉가 있다. 이렇듯 영화와 미술은 그 제작과정에서, 오랜 시간 차곡차곡 상호 영향을 주고받는 관계를 형성하고 있었다.

LA에 도착하기 전, 나는 우연히 LA 미술계에 대한 글을 찾아보다 아주 흥미로운 분석을 담은 기사 하나를 읽게 되었다. 그 기사는 할리우드 영화계와 미술계의 상관관계를 주제로 하고 있었다.

미국 영화계의 전성기인 1930~40년대를 지나면서 영화 산업으로 큰 이익을 얻게 된 LA는 영화를 통해 부를 축적한 컬렉터들, 그리고 지역 미술관에 작품 혹은 후원 기금을 지원하는 사람들이 늘게 되었고, 자연히 지역을 대표하는 미술관들이 자리 잡기 시작한다. 이 미술관들은 현재 미국 내 전시나 소장품, 운영 등 여러 측면에서 최고위 평가를 받고 있는 미술관들로, 대표적으로 게티뮤지엄Getty Museum, LA카운티뮤지엄LACMA, 해머뮤지엄Hammer Museum, LA현대 미술관LA MOCA, 더브로드뮤지엄The Broad Museum 등이 있다.

일전에 근무했던 갤러리 오너를 통해 그가 1960년대 할리우드에서 유명 영화 감독들에게 미술 작품을 대거 판매했다는 이야기를 들은 바 있었다. 또 LA카운티뮤지엄에서 근무했던 친구에게 미술관이 지역 컬렉터들에게 후원금 유치를 위해 얼마나 적극적으로 노력하는지, 그리고 후원금으로 유치하는 금액이 대략 얼마 정도인지에 대해 들은 적이 있다. LA는 미술 시장으로 흘러들어오는 자본의 규모가 상상을 초월했다. 그래서 이 기사는 나에게 LA 미술계 구조에 대한 단편적인 이미지를 영화 산업이라는 지역 최대 규모 산업의 맥락에서 어떤 연계성을 갖는지에 대해 단번에 이해시켜주었다.

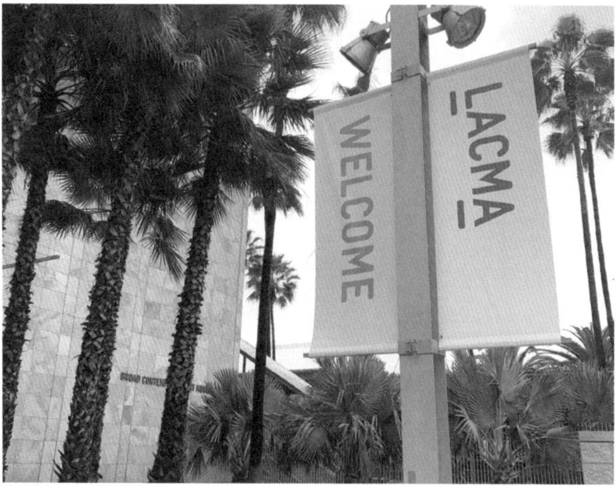

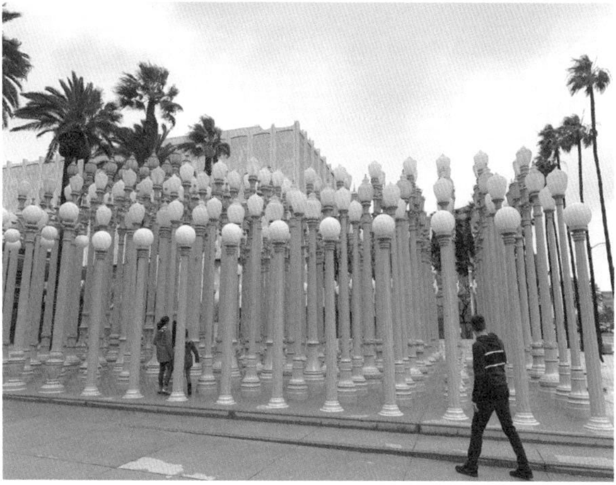

(위) LA카운티뮤지엄(LACMA) 전경
(아래) 뮤지엄 입구에 LA카운티뮤지엄의 대표작가 크리스 버든의 작품 <Urban Light>가 설치되어 있다.

기사에 따르면 영화에 필요한 미술 소품을 제작하는 업무를 LA 지역 예술학교 출신들이 주로 맡게 되면서, 미술계와 할리우드 간의 긴밀한 상관관계를 구축하게 되었다고 한다. 자연히 LA에는 뛰어난 실력을 갖춘 재능있는 젊은 작가들이 모여들게 되었고, 그러면서 지역 미술계의 수준 또한 거듭 향상하게 된다. 세계적으로 유명한 예술학교인 칼아츠California Institute of the Arts, CalArts를 비롯한 수많은 예술학교가 좋은 인재들을 유치할 수 있게 되고, 이 학교 출신이 영화계 미술업무로 진출하는 연계가 생긴다. 이것이 하나의 선순환 구조를 구축하게 되었다.

영화라는 하나의 산업이 크게 발전함에 따라 산업잉여자본 혹은 투자금, 후원금의 형태로 많은 돈이 미술계로 유입되었다. LA는 산업과 금융 그리고 미술계의 발전 간에 긴밀한 관계가 형성되어 있는 매우 중요한 예시이다.

할리우드와 아트페어의 짜릿한 만남

LA아트페어위크 기간 동안 관람한 아트페어들은 이전

에 마이애미, 홍콩, 멕시코시티에서 경험한 아트페어들과 비교했을 때 큰 차이가 느껴졌다. 이유를 곰곰이 생각해 보니 그 차이를 이루는 요소는 다름 아닌 아트페어가 열리는 '장소'에 있었다. LA에서 열린 아트페어들은 각각 영화사 스튜디오Frieze LA, 격납고Art Los Angeles Contemporary, 해변의 부티크 호텔stART up art fair 등 특정 목적을 가지며 동시에 시각적으로도 매력적인 공간이었다.

일반적으로 LA에 처음 방문하는 사람들이라면 빠지지 않고 들르는 관광 코스가 바로 영화사 스튜디오 투어일 것이다. 또 운 좋게 프리즈 LA를 VIP로 프리뷰 관람을 할 수 있게 되어 영화사 스튜디오 투어는 물론 멋진 미술 작품도 잔뜩 볼 수 있게 되었다. 가랑비가 내리는 이른 아침, 나는 들뜬 마음으로 프리즈 LA가 열리는 파라마운트 스튜디오로 향했다.

아트페어가 열리는 뉴욕 백로트backlot(옥외촬영장)까지 걸어가는 길은 짧지 않았다. 하지만 영화 촬영 현장이라는 특수한 장소가 자극하는 상상력 덕에 무료함이라곤 전혀 느껴지지 않았다. '백로트'라는 단어가 익숙하지 않았던 나에게 프리즈 LA가 열리는 파라마운트 스튜디오 백로트라는 말은 생경하기 그지없었다. 한국식으로 쉽게 말하자면 촬영지나, 세트장 등으로 불리는 곳을 '백로트'라 부른다고 한다.

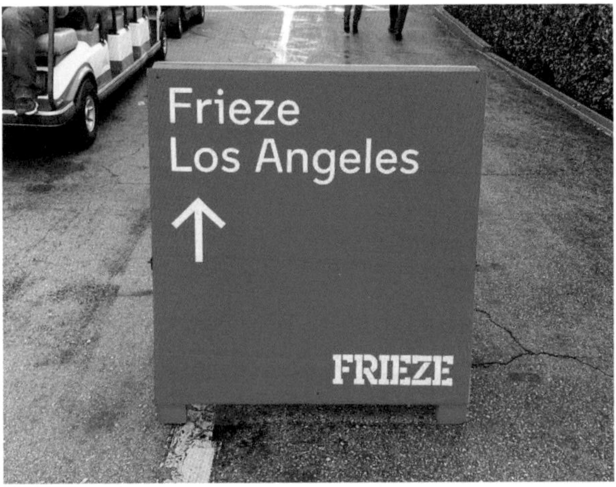

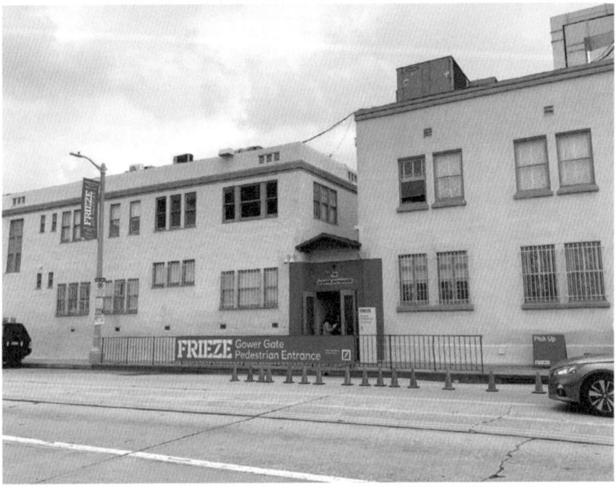

프리즈 LA 론칭쇼가 열렸던 파라마운트 스튜디오 풍경

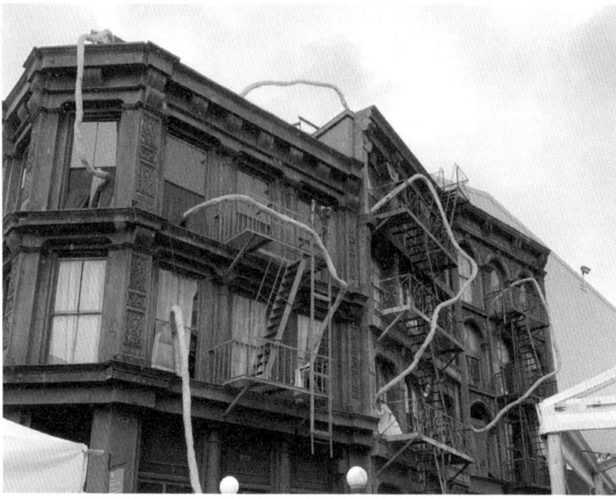

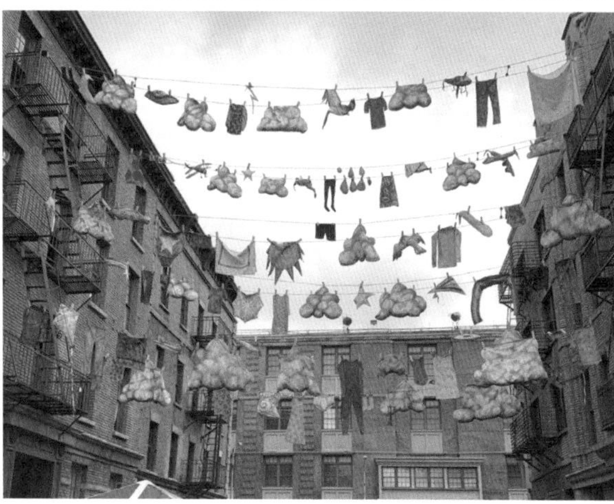

프리즈 LA 론칭쇼 뉴욕 백로트 풍경

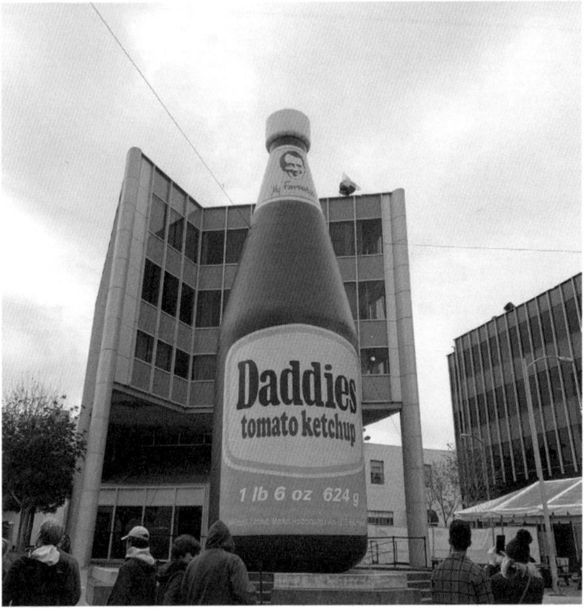

프리즈 LA 론칭쇼에 전시 된 폴 맥카시의 작품
<Daddies Tomato Ketchup Inflatable>

파라마운트 스튜디오에 들어서서 아트 프로젝트가 있는 뉴욕 백로트에 도착하니 바바라 크루거, 폴 맥카시, 사라 캐인 같은 유명 작가들의 회화, 설치, 조각 작품들이 곳곳에 전시되어 장관을 이루고 있었다. 마치 동화 속에 들어온 것 같은 기분이 드는 놀라운 풍경이 매력적이었다. 또한 건물 외벽 전체를 아우르는 거대한 설치 작품들과 실내 공간을 작가의 세계관으로 구현한 전시실까지 다양한 볼거리들이 마련되어 있었다.

LA에 있는 뉴욕이라니, 정말 흥미로운 설정이었다. 맨해튼 어딘가를 걷고 있는 듯한 착각을 일으킬 만큼 세트장은 뉴욕 그 자체였고, 실외 공간만 묘사한 무대 장치가 아니라 실내 공간마저 실제로 마련되어 있다는 점이 인상적이었다.

과연 그 안에는 어떤 풍경이 펼쳐지고 있을까? 기대하며 두리번거리던 찰나, 멀리 우뚝 솟아난 초대형 케첩 병이 보였다. 그뿐만 아니라 뉴욕을 고스란히 옮겨둔 듯 한 건물 곳곳엔 프리즈 LA를 위해 특별히 설치된 작가들의 장소 특정 미술 설치 작품들이 전시되어 있었다. 백로트 곳곳은 이처럼 화려한 예술적 메이크오버를 시도한 현대 미술들이 장악하고 있었다.

그뿐만 아니라 상점 구역 곳곳에는 특정 하이엔드 브랜드(샴페인, 쥬얼리 등)의 프리즈 LA 한정 상품을 판

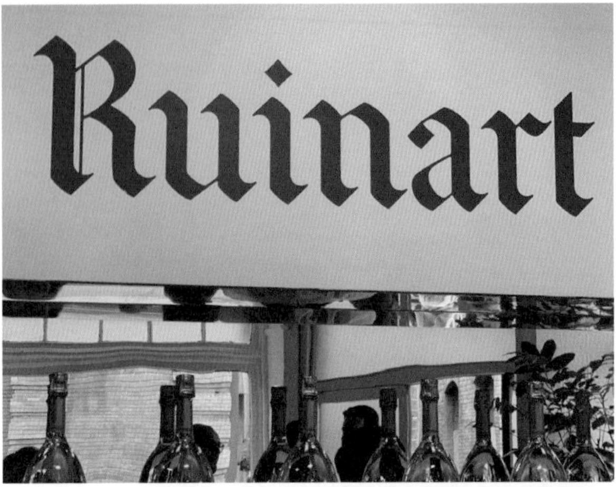

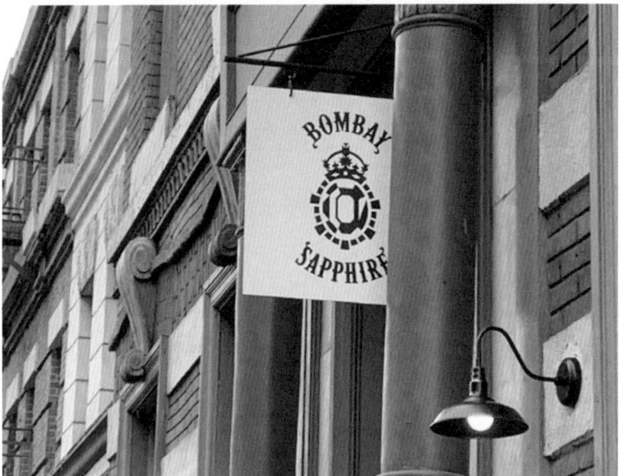

프리즈 LA 뉴욕 백로트 곳곳에 숨어 있던 브랜드 매장들. 아트페어 컨셉에 맞게 브랜드 제품을 꾸며서 프리즈 LA 관람 중간에 들러 기분전환을 할 수 있었다.

매하고 있었고, 브랜드 홍보를 하는 팝업스토어가 마치 히든 바hidden bar처럼 곳곳에 숨어 있었다. 외관상으로는 뉴욕 거리의 상점처럼 보이던 공간 내부는 브랜드 팝업 공간으로 화려하게 꾸며져 있었다. 전시된 작품들 사이로 이런 이벤트 형태의 브랜드 팝업스토어를 찾아다니며 구경하는 것은 영화사 백로트에서 열리는 프리즈 LA만의 매력이라는 생각이 들었다.

매력 넘치는 도시에서 열리는 아트페어의 묘미

백로드 투어를 마친 나는 본 아트페어가 열리는 빅탑(big top)으로 이동하기 전 잠시 카페에 들러 커피와 간식을 먹으며 페어 프리뷰를 보러 온 다른 VIP들을 살펴보았다. 그중 한 무리의 사람들은 오전부터 게티 센터, LACMA 등 LA의 주요 미술 기관을 투어하고 이곳 프리즈를 보러 이동하는 프로그램에 참여한 사람들이었다.

그들을 보고 있으니 나는 문득 이곳 LA가 페어 관람 이후에도 즐길 거리가 너무나도 많은 도시라는 생각이 들었다. 아트페어가 선사하는 경험도 환상적이지만, LA 내 우수한 컬렉션을 자랑하는 대규모 미술관은

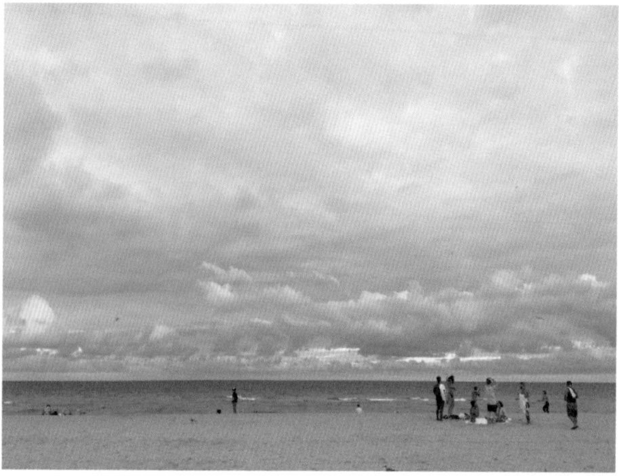

마이애미 해변. 사실 아트페어 관람은 상당한 인내심과 체력을 요하는 일로, 마이애미 처럼 아름다운 해변이 있는 곳에서 페어를 관람할 때 멋진 광경이 기분전환에 큰 도움이 되어준다.

물론 산타바바라 비치, 베니스 비치 등 여유로운 일상의 해변, 유니버설 스튜디오, 디즈니랜드, 각종 영화사 스튜디오 등을 생각하니 이만한 관광 명소도 따로 없었다.

전에 아트 바젤 마이애미비치 에디션을 보러 갔을 때도 비슷한 경험을 했는데, 아트페어 볼 생각에만 빠져 있었지 도시 자체에는 그리 큰 관심이 없었다. 하지만 이번에는 아트페어 관람도 물론 좋았지만 거기서 멀지 않은 마이애미 해변 쪽으로 들어선 사진, 디자인 페어까지 오가면서 보는 묘미가 있었다. 본디 목적은 아트 바젤을 보러 마이애미에 들린 것이지만 나는 마치 아름다운 마이애미 비치에 놀러 왔다가 산책할 겸 편안한 마음으로 아트페어를 둘러보는 듯한 느낌을 받았다. 그렇게 방문 목적이 역전되어 아트페어뿐만 아니라 쾌청한 낮의 해변과 화려한 밤의 문화가 공존하는 마이애미라는 도시의 매력에 푹 빠졌다.

결국 나는 아트페어라는 궁극적인 방문 목적을 달성했을 뿐만 아니라 그 도시만이 가진 문화, 정서, 풍경까지 즐기는 경험을 했다. 아트페어는 특정 도시에서 영향력 있는 예술 행사를 보고 작품 구매까지 할 수 있는 경험까지 선사한다. 거기다 방문자들에게 잊지 못하는 추억을 선사하고 또 구매한 작품을 볼 때마다 그곳에서 느꼈넌 행복감, 그곳의 풍경을 떠올릴 수 있게 해준다. 그래서 아트페어는 여운이 더 진하게 남는다는 사실을 깨달았다.

비행기 정비소에서 만나는 LA 로컬 작가들

프리즈 LA 아트페어가 할리우드 파라마운트 스튜디오의 뉴욕 백로트에서 열렸다면, 아트 로스 앤젤레스 컨템포러리Art Los Angeles Contemporary, ALAC는 항공기를 넣어두고 점검하고 정비하는 공간인 격납고에서 열렸다. LA 산타모니카에 있는 바커 격납고The Barker Hangar에서 열린 ALAC 아트페어 중앙에 있는 카페에서 페어장 바깥 풍경을 바라보니 비행기들이 줄지어 보관된 풍경과 커다란 비행기가 이동하는 진풍경들을 볼 수 있었다.

미국 전역에서 모인 지역 갤러리들이 주축이 되어 선보이는 현대 미술 작품들의 향연을 격납고라는 특수한 공간에서 감상하는 묘미, 마치 활주로에서 열리는 아트페어에 온 듯한 이색적인 경험이었다. LA로 아트페어를 보러와서 비행기를 잔뜩 보게 될 것이라고 누가 상상이나 했겠는가.

본디 아트페어가 열리는 곳은 접근성, 운영, 안전 등을 고려해야 한다. 그렇다면 아트페어를 위해 최적화된 공간은 컨벤션센터와 같은 다목적 이벤트 홀일 것이다. 그래야 안정적인 운영과 예산, 그리고 자연현상으로부터 안전을 보장받을 수 있어 운영 측면에서의 편의성이 높다.

하지만 아트페어는 날이면 날마다 오는 일상적이거나 사무적인 효율성을 지향하는 행사가 아니다. 제한된 시간 동안 펼쳐지는 하나의 거대한 예술적 파노라마이자 일종의 '아트 파티'라고 생각한다면 이야기는

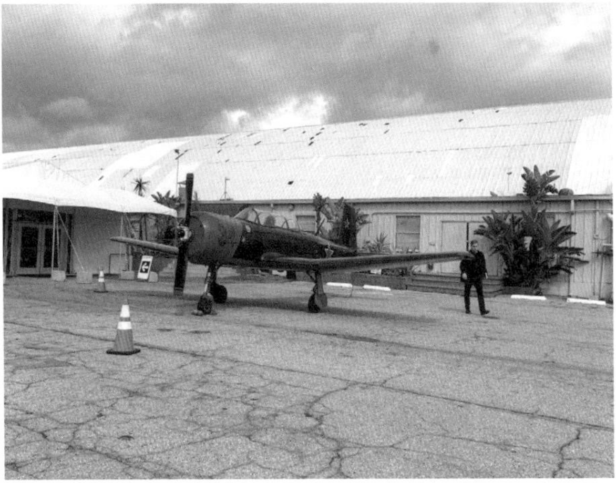

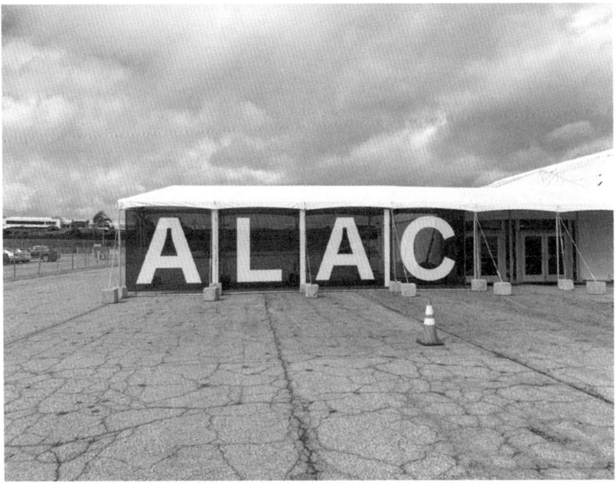

산타모니카 공항 근처의 바커 격납고에서 열린 아트 로스앤젤레스 컨템포러리 아트페어

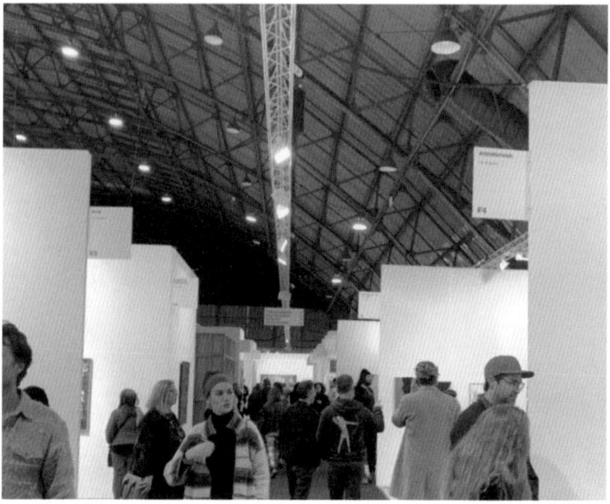

ALAC 풍경. 격납고로 이용되는 장소에서 열린 아트페어답게 천장부 디자인이 인상적이다.

달라진다.

이벤트를 즐기는 사람들, 그리고 그 중 아트페어의 목적을 가장 충실히 만족시켜줄 구매자의 기대치를 고려해보자. 아트페어가 열리는 장소의 역사적 맥락을 최대한 살려 행사와 공간을 하나의 유기체로 운영한다면? 아트페어는 단순히 예술적 경험, 미술 작품에 대한 안목을 넓히는 경험이 아니게 될 것이다. 그러면 행사를 직간접적으로 경험한 모든 이들에게 잊지 못할 강렬한 인상을 남겨 고유성을 갖추는 차별화된 아트페어로 자리 잡을 것이다. 그러면 관람자들의 관심도는 물

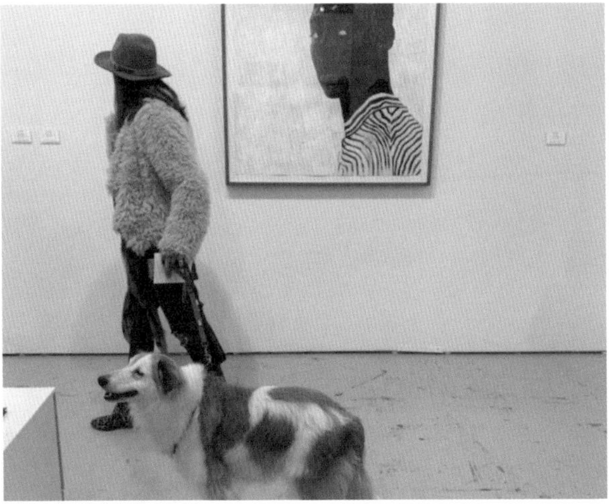

ALAC을 비롯한 아트 바젤 마이애미 비치 등 미국 내 아트페어를 관람하다 보면 반려견을 동반한 관람자들을 종종 볼 수 있다.

론 충성도가 올라가 더 많은 세계적인 컬렉터들을 불러 모을 것이고, 이들은 해당 도시에서 머무르면서 지역 경제에 긍정적인 영향을 줄 것이다. 내가 프리즈 LA를 보러 멀리 서울에서 LA로 날아왔듯이.

해변가 부티크 호텔에서 열린 아트페어

프리즈 LA, ALAC를 거쳐 내가 마지막으로 들른 아트페어는 베니스 비치Venice Beach 인근의 한 부티크 호텔에서 열렸던 '스타트업 아트페어stART up art fair Los Angeles and San Fransisco LA'였다. 이 아트페어의 특징은 '작가 직거래 미술 시장'이라는 점이었다. 아트페어는 일반적으로 컨벤션센터의 대형 홀에 구획된 부스들을 페어 참여 갤러리들이 사전에 할당받아 작품을 선보이는 형식이다. 하지만 호텔 아트페어의 경우 호텔 객실을 하나의 부스로 참여 갤러리 혹은 작가에게 객실을 할당하고 객실 안에 출품 작품을 자유롭게 전시하고 판매하는 형태로 진행됐다.

스타트업 아트페어는 작가 출신 디렉터 레이 벨드너가 2015년에 설립해 캘리포니아주의 주요 도시인 샌프란시스코와 LA에서 진행하는 작가 직거래 아트페어였다.

미국 캘리포니아주를 거점으로 활동하는 실력 있는 젊은 작가를 주축으로 캐주얼한 분위기가 인상적이다. 관심 가는 작품을 만든 작가에게 편하게 질문도 하고 다양한 이야기를 들을 수 있다는 점이 마음에 들었다. LA 지역 미술계에서 활동하는 젊은 작가들을 집중적으로 만나 다양한 이야기를 나눌 기회를 얻게 되어 서울에서 멀리 미국까지 날아온 보람이 들었다.

나는 호텔 객실마다 들어가 꼼꼼히 작품을 살펴보

고 객실 내 작가에게 직접 이것저것 물어보면서 출품작에 대한 호기심을 풀어나갔다. 특히 그들의 포트폴리오, 작업실 풍경, 예정전시, 소장된 주요 미술 기관에 대해 질문을 하면서 그들의 활약상과 향후 향방을 그려보았다. 궁극적으로 이 대화를 통해 작가가 자신의 직업과 작업에 얼마나 진정성 있는 태도로 임하는지, 얼마나 독창적인 자신만의 예술관을 가지고 있는지 파악할 수 있었다. 결과적으로 이 스타트업 아트페어에서 나는 총 세 명의 LA 로컬 작가에게 작품을 한 점씩 구매했다.

이들 중 멕시코 출신의 LA 지역에서 활동하는 판화 작가 페르난도 레이스가 특히 강렬한 인상을 줬다. 그는 어린 시절부터 작가의 삶을 동경했지만, 현실적인 이유로 판화 인쇄하는 일에 오래 종사하다가 뒤늦게 미국 명문 예술학교인 시카고 아트 인스티튜트School of the Art Institute of Chicago, SAIC에 진학해 판화를 전공하고 왕성한 작품 활동을 이어가고 있다고 했다. 그리고 여전히 판화 작품을 핸드 프린팅하는 상업 스튜디오를 운영하면서 다른 작가의 다채색 판화 작품을 인쇄하면서 동시에 자신의 작업 활동도 이어가며 바쁘게 살아가고 있었다.

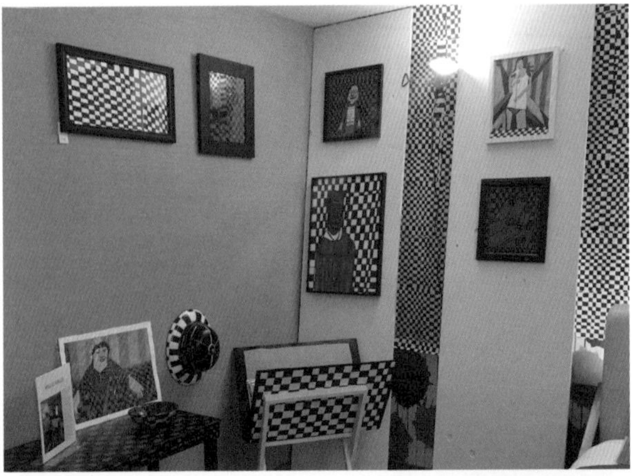

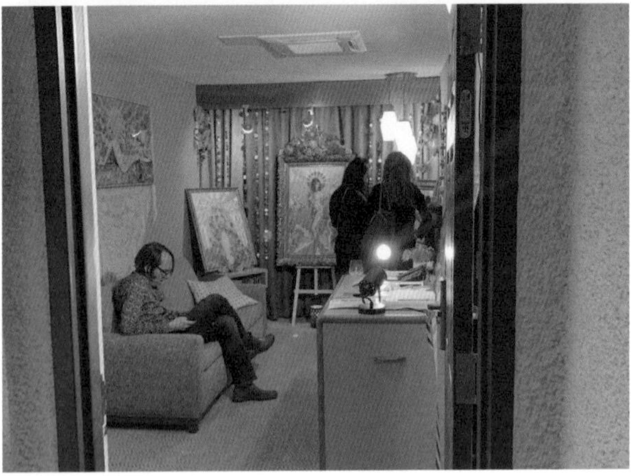

스타트업 아트페어 LA, 호텔 아트페어 형태로 진행되었던 스타트업 아트페어 LA는 객실을 배정받은 작가들이 직접 자신의 작품을 설명하고 판매도 한다. 아트페어에 참여한 작가들은 대부분 LA, 샌프란시스코 등 캘리포니아 지역에서 활동 중인 작가들이었다. 이 페어를 통해 서부 지역 작가들과 직접 만나 이야기를 나누며 캘리포니아 지역에서 활동하는 작가의 삶을 엿볼 수 있었다.

"이 작품의 제목은 〈명상Meditation〉입니다. 나체의 인물이 몸을 웅크리고 명상의 세계에 빠져 있는 듯한 인상을 주는 이미지의 다채색 판화로 제가 직접 핸드 프린팅 한 작품이죠."

나는 뭔가 사유와 사색의 세계에 빠져 있는 듯한 인물의 몸짓에 빠졌고, 침대 옆에 작품을 기대어 세워두면 고요하고 차분하게 명상하는 듯한 분위기를 만들어줄 것 같았다.

무엇보다도 페어에 참여한 그 어느 작가들보다 열렬히 자신의 작품에 애정을 담아 설명하는 모습이 인상적으로 다가왔다. 물론 작품도 맘에 들기도 했지만, 자신이 만든 작품에 대한 자신감 있는 그의 에너지 넘치는 모습이 와닿았다. 그래서 작가를 신뢰하는 마음이 생기게 되어 이 작품을 고민도 하지 않고 바로 구매했다.

"마음에 드는 작품이 많았나 봐요?"

양손 가득 구매한 작품들을 들고 호텔 복도를 걸어가며 다음 객실을 향하던 나에게 한 남자가 말을 걸었다. 그는 자신을 프랑스에서 온 쉐프라고 소개하며 현재 말리부에 있는 대 저택에 고용된 개인 쉐프이자 때

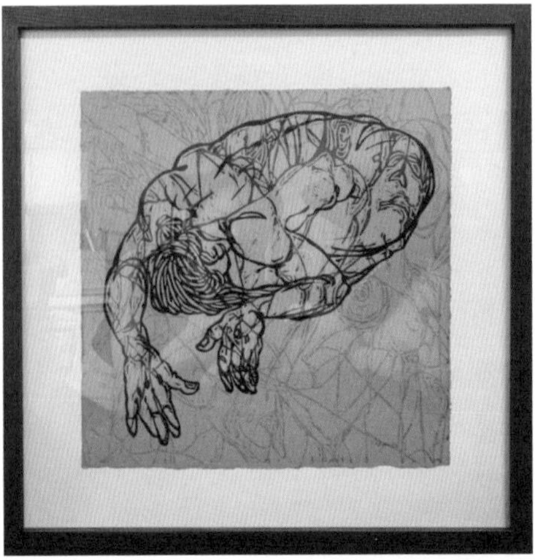

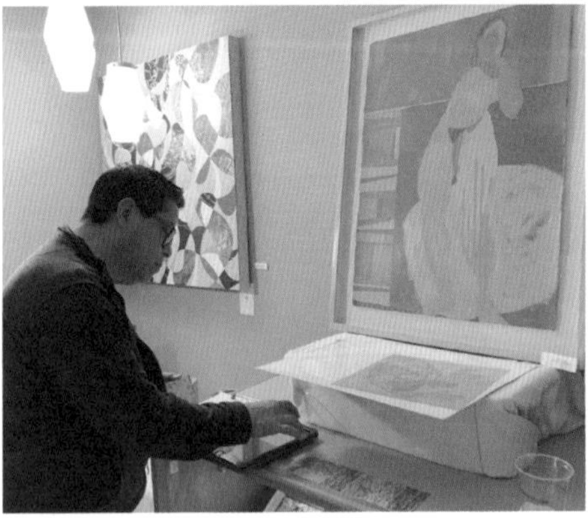

(위) 페르난도 레이스, <명상(meditation)>. 스타트업 아트페어 LA에서 구매한 작품 중 한 점으로, 웅크리고 있는 인물의 몸짓이 자아내는 고유의 분위기가 작품 제목과 잘 맞아떨어지는 다채색 판화 작품이다.
(아래) 작품의 보증서를 작성하고 있는 작가

때로 할리우드에서 촬영하는 영화에 엑스트라로 출연하기도 하는 아마추어 영화배우라고 했다. 예술을 즐기는 편이라 종종 미술관이나 아트페어를 보러 다닌다고 했다.

"아쉽게도 제가 오늘 이곳에 조금 늦게 도착하는 바람에 빨리 관람을 해야 하는 상황인데, 혹시 꼭 봐야 할 부스가 있다면 좀 추천해주실 수 있나요?"

평소 아트페어에 가면 꼭 지도와 펜을 가지고 다니면서 관람을 하는 나는 내 나름의 기준으로 부스별 평점을 기록해두는 습관이 있다. 이 습관은 아트페어에서 본 내 취향에 맞는 작품의 작가에 대해 더 많은 정보를 찾아보기 위함이자, 내 취향에 잘 맞는 작품을 다수 보유한 갤러리를 찾아서 그곳의 소식을 받아보거나 전시를 관람하기 위해 생긴 것이다.

관람 종료 시간이 한 시간도 채 남지 않은 시점이었다. 나는 그에게 얼른 내 지도를 보여주면서 비록 내 주관적인 견해이나, 최고 등급인 'A'를 받은 작가의 객실을 추천한다고 말했다. 물론 내가 작품을 구입한 작가와 그의 작품의 특징에 대한 간략한 설명도 빼놓지 않았다. 그는 자신이 가지고 있는 지도를 펼치고는 내게 펜을 빌려 마치 시험지 답안을 베끼듯이 'A'가 표시된 객실들을 체크하고 고맙다는 인사를 연신 건넸다. 우리는 서로 좋은 전시 관람을 하라고 인사하며 헤어졌다.

남은 시간까지 모든 에너지를 끌어모아 알차게 아트페어를 관람하고 관람 시간 종료 안내 방송을 들으며 숙소로 돌아가기 위해 발걸음을 옮겼다. 그러다 호텔 로비 계단에서 그 남자를 다시 만났다. 역시나 그의 손에는 꼼꼼히 잘 포장된 작품 한 점이 들려 있었다.

"주로 도시 풍경을 촬영하는 포토그래퍼의 사진 작품을 한 점 구매했어요. 저도 사진 촬영이 취미인데, 이 작품은 제 침실에 걸어두면 딱 좋을 편안한 풍경을 담은 이미지라서 눈에 들어오더군요!"

어쩌다 만났음에도 불구하고 둘 다 어떤 작품을 보고 침실에 두어 보고 싶다는 우연이 흥미롭게 여겨졌다. 집에서 가장 편안함을 느끼는 공간인 침실에 누워서 바라보고 싶은 편안함과 안도감을 주는 이미지의 작품이 가진 힘일까?

혼자 숙소로 돌아오는 길에 문득 '생각보다 많은 사람들이 일상에서 편안함과 고요함을 갈망하는구나.

그래서 그런 작품에 더 눈길이 가고 마음이 가는구나. 그런 이미지를 담은 미술 작품을 나만의 편안한 공간 속에 두고 바라보며 즐기고 싶어서, 구매까지 하게 되는구나.'라고 생각하며 초보 컬렉터의 작품 구매기 한 페이지를 작성했다.

에어비앤비에서 소개받은
젊고 유능한 여성 포토그래퍼

나는 이번 여행에서 다양한 LA 아트페어 신을 종횡무진했을 뿐만 아니라 동시에 LA에 방문한 관광객의 삶과 LA 현지인의 삶 모두를 경험할 수 있었다.

한 곳의 호텔과 두 곳의 에어비앤비. 세 곳의 훌륭한 숙소들 모두 기억에 남지만 그중 마지막으로 묵었던 오션스 빌리지의 에어비앤비가 가장 기억에 남는다. 그곳에서 친절한 호스트인 N 씨와 그리고 포토그래퍼로 활동하고 있는 그녀의 딸 J의 포트폴리오 카탈로그를 접하게 되었기 때문일 것이다.

그곳은 오션파크 지구에 위치한 가정집이었다. 햇살 좋은 LA의 평일 오후에 도착한 오션파크는 조용하고 깨끗했고 한눈에 봐도 세련된 외관이 눈길을 끄는

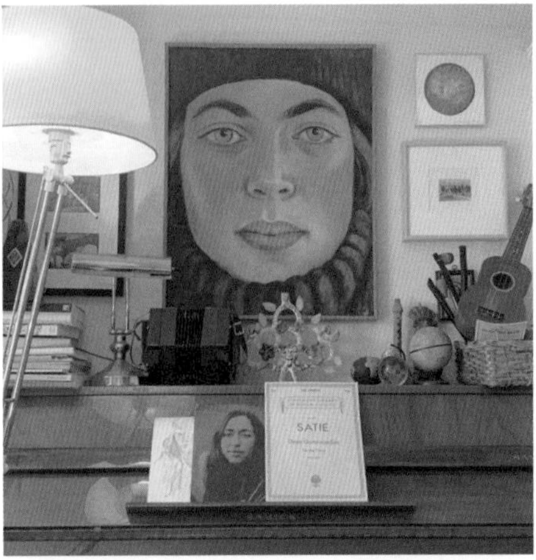

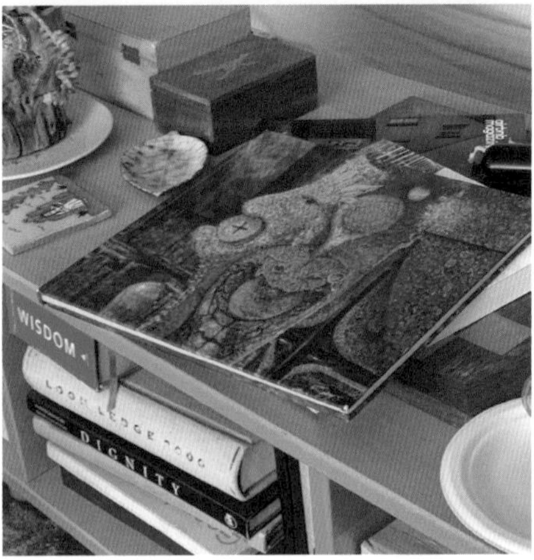

(위) 집안 곳곳에는 J의 사진 작품부터 회화 작품까지 다양하게 전시되어있었다.
(아래) J의 카탈로그

예쁜 주택이 줄지어 있는 동네였다. 예약해 둔 에어비앤비의 문 앞에 서서 벨을 누르자 한 50대 여성 호스트가 나를 반겼다. 자신을 N이라고 소개한 그녀는 친근하게 나를 맞이하면서 집안 곳곳을 보여주었고 지켜야 할 수칙, 그리고 내가 사용할 방을 안내해 주었다. 그렇게 집안 투어가 끝나고 나에게 질문을 하던 그녀는 내가 아트페어를 보러 LA에 방문한 '아트러버'라고 소개하자 퍽이나 반가워했다. 그러면서 거실 책장에 꽂혀 있는 카탈로그 한 권을 꺼내어 들뜬 얼굴로 내게 건네주었다.

"뉴욕과 LA를 오가며 포토그래퍼로 활동하고 있는, 자랑스러운 내 딸 J의 작품 좀 보실래요? 우리 딸은 이제 막 25살이 되었고, 뉴욕에 있는 예술학교에서 사진을 전공하고 데뷔 전시를 성공적으로 마친 프로페셔널 포토그래퍼랍니다. 주로 아메리카 지방 곳곳의 소수민족의 일상, 특히 그곳 어린이들의 일상을 지역색과 아름다운 자연환경을 자신만의 시각으로 바라보고 멋진 사진 작품으로 완성하는 작업 활동을 하고 있어요."

속사포처럼 쏟아지는 그녀의 이야기를 정신 바짝 차리고 듣다 보니 어느덧 내 손에는 J의 데뷔 기념 작품 카탈로그가 들려져 있었다. N 씨는 기대에 찬 얼굴로

소중하고 자랑스러운 딸의 사진 작품 카탈로그를 보라고 권유했다. 하지만 솔직히 나는 부담스럽고 난처하기까지 했다. 행여 그녀의 작품이 내 기준에 못 미치는 수준의 작품이면 나는 과연 어떤 표정으로 무슨 말을 해야 할까 하는 생각으로 식은땀이 날 지경이었기 때문이다.

나는 평소 어떤 것을 심각하게 부정적으로 생각하거나 호불호를 뚜렷하게 느끼더라도 내 생각을 타인에게 곧바로 표현하지 않는 편이다. 나의 판단에 누군가 예기치 못하게 상처를 받는 것을 경계하기 때문이다. 하지만 예술 작품을 대하는 나의 감상과 품평은 많이 다르다. 부정적인 이야기를 직설적으로 내뱉는 경우는 드물긴 하지만 과할 정도로 신중한 편이고 생각보다 신랄한 편이다.

작품을 보고 예의상으로라도 내 기준에서 별로인 것을 억지로 좋다고 이야기할 수는 없다. 왜냐면 음악이든, 미술이든, 문학이든 특정 예술 작품에 대한 나의 평가는 최대한 다각적인 접근을 통해서 비판적으로 수용하면서 구축해온 나만의 엄격한 평가 기준으로 판단하기 때문이다. 이것은 전문적인 고등 예술 교육을 받은 사람의 도리다.

또한 신중한 과정을 거쳐 작품에 대한 나의 의견을

정리한 뒤 공개적으로 발설한 후에는 평가에 대한 번복이 발생하게 하지 않게 해야 한다. 이런 번복 행위는 평가자의 전문성에 대한 견고함과 진중함, 그리고 신뢰를 깨뜨리는 치명적인 행위이기 때문이다. 그래서 나는 작품을 접한 이후 그에 대한 최종 평가를 서두르지 않고 최대한 차분하고 냉정히 결론지으려고 노력한다.

천만다행으로 J의 사진 작품은 호스트의 말 대로 훌륭했다. 독창적이며 아름답고 세련된, 그리고 보기 드문 이미지들이었다. 아직 25살이라는 어린 나이의 포토그래퍼의 작품이라기에는 그녀의 작품에서 볼 수 있는 '전문가 다운 면모'들이 나를 놀라게 했다. J는 틈만 나면 멕시코 같은 중미나 더 아래로 내려가 남미 지역 곳곳, 그리고 미국 지방 소도시까지 출사 여행을 다니며 그녀의 시선으로 본 풍경과 그곳의 소수민족 어린이들의 일상을 사진으로 기록하는 작업을 한다고 했다. 그녀가 기록한 아메리카 대륙 곳곳에 사는 소수민족의 일상은, 사진사 혹은 미술사적 가치뿐만 아니라 문화 인류학적 가치가 있는 삶과 풍경에 대한 보고였다. 중미, 남미 지역에서 볼 수 있는 화려한 색감과 독특한 패턴이 매력적인 판초ponchos나 서라페Serapes 같은 민속 의상을 입고, 행복한 표정으로 놀고 있는 아이들의 모습을 담은 J의 작품이 특히 인상적으로 다가왔다.

사랑스럽고 희망이 깃든 따뜻한 이미지였다.

“제가 J의 인스타그램을 알려드릴게요! 우리 집 게스트로 온 사람이라고 메시지를 남겨보세요. 제가 J에게 미리 말해둘게요.”

그렇게 나는 적극적인 호스트 덕에 우연히 미국의 신예 포토그래퍼와 인스타그램 메시지로 인사를 주고받는 사이가 되었다.

잘 갖춰진
카탈로그의 중요성

20대 중반. 평생 작가로 살아갈 앞날을 생각해 보면 J는 아직 어린 나이다. 하지만 나는 그녀의 카탈로그가 보여주는 수준 높은 완성도에 많이 놀랐다. 그녀의 작품세계를 추상적인 디자인과 컬러로 보여주는 표지, 그리고 높은 퀄리티의 출력상태와 종이. 그녀의 카탈로그는 한국의 그 어느 신진작가에게서도 본 적 없는 것이었다. 누구나 알 법한 중견작가의 도록처럼 잘 만들어져 있었고, 이는 J가 ‘준비된 작가’라는 인상을 주는 강력한 후광이 되었다.

대체 나는 왜 J의 카탈로그를 보고 그토록 의외라고 받아들이게 된 걸까? 아마도 내가 이전까지 한국에서 활동하는 작가들의 포트폴리오를 받아 살펴보면서 느꼈던 인상 때문일 것이다.

중요한 프레젠테이션을 군중 앞에서 발표할 때, 핵심 메시지를 효과적으로 전달하는 것이 가장 큰 목표일 것이다. 하지만 모두의 목표가 동일하고 이를 충실하게 이행하는 것이 기본값이라고 하면, 이후의 차별성은 결국 발표를 어떤 방식으로 보여주는가이다.

이를 작가와 작품에 대입해 보자. 작가가 언제든지 자신의 작품에 관심 있는 사람을 작업실로 초대해 작품을 실제로 보여줄 수 있다면 문제가 없겠지만, 이는 현실적으로 불가능하다. 그래서 자신의 작품을 프로 포토그래퍼가 촬영하고, 고화질로 출력된 자료 혹은 디지털화된 작품 이미지를 보유하고 있는 것이 중요하다.

나는 전시기획 일을 하면서 작가의 능력과 작품의 퀄리티에 비해 포트폴리오의 완성도가 무척 아쉬운 수준에 머무르는 경우를 많이 봤다. 아니, 비단 미술계뿐만 아니라 분야를 막론하고 특정 분야의 전문가가 자신의 능력과 커리어에 대한 프레젠테이션 능력이 떨어져 자칫 자신의 실재 능력보다 저평가되는 경우도 종종 봤다. 심지어 이런 경우는 2, 30대 신진작가보다 4, 50대의 중견작가에게서 더 자주 보이는 편이다. 작품을 프레젠테이션하는 능력의 중요성을 아예 인지하지 못하는 경우도 더러 있는데, 평생을 예술에 바쳐 작가 활동 경력이 수십 년이 넘음에도 불구하고 국제 표준에 못 미치는 수준의 포트폴리오나 홈페이지를 가지고 있는 사람들이 많아서 안타까운 경우를 많이 접했다.

이제 갓 미대를 졸업한 신예 포토그래퍼인 J의 작품 카탈로그를 보니, 결국 작가가 자신의 작품을 제삼자에게 보여주는 과정은 형식적인 면을 엄격하게 만족시켜 준비해야 한다는 것을 느꼈다. 그래야 그것이 언제나 더 좋은 기회로 작가의 커리어를 이끌어주기 때문이다.

나는 J의 완성도 높은 카탈로그를 보고 그녀의 작품을 안심하고 컬렉팅해도 될 것 같다는 생각이 들었다. J의 완성도 높은 작품 카탈로그가 보여주는 프로 작가로서의 면모가 그녀의 실력에 대한 신뢰도를 높여 주는 강력한 후광효과를 발휘했기 때문이다. 어찌 보면 사소하다고 생각될 수 있지만, 절대 사소하지 않은 것이다.

프리즈 LA 관람객이
프리즈 서울 VIP 투어 담당자로

꿈만 같던 LA에서의 추억들이 코로나19라는 암흑기에 가려져 아득해지던 어느 날, 나는 대학원 동기이자 다년간 국내 메이저 갤러리의 큐레이터로 활동한 A로부터 반가운 연락을 받았다.

“프리즈 서울 소식 들었지? 혹시 VIP 대상으로 하는 큐레이터와의 투어 업무 맡아서 해 볼 생각 있어?”

프리즈 LA 론칭쇼에 다녀온 후 3년 동안 많은 변화가 있었다. 세상의 모든 것이 정지된 듯한 코로나19 팬데믹을 겪으며 미술계뿐만 아니라 전 예술 분야에 칼바람처럼 변화가 스쳐 지나가는 시기를 견뎌야 했다. 하지만 생각지도 못했던 선물 같은 소식이 오기도 했으니, 바로 프리즈 아트페어가 서울에 론칭하게 된다는 것이었다.

오랫동안 아시아 최대 미술 시장은 홍콩이었다. 하지만 최근 10년간 홍콩이 겪은 사회 정치적 상황은 경제적, 문화적 측면에까지 영향을 끼치게 되었고, 홍콩 미술 시장을 바라보는 시선은 확실히 예전과는 달라졌다. 세계는 이제 홍콩의 대안으로 성장 가능성과 문화적 역량과 영향력이 모두 높은 서울을 아시아 미술 시장의 중심으로 염두에 두고 있었다.

언론 매체에서 프리즈 서울 2022 론칭 소식을 접한 나는 반가운 마음에 성공적으로 개최해 잘 자리 잡을 수 있기를 응원하고 있었다. 그리고 앞서 경험한 타국의 프리즈 아트페어와 비교해서 프리즈 서울에서는 과연 어떤 쇼가 구현될지 기대감에 차 있었다. 그런 나에게 프리즈 서울에서의 근무 제안은 전혀 예상치도 못한 것이었다. 프리즈 LA에 관람자로 다녀온 지 꼭 3년 반 만에 일어난 일이었다. 여유로운 마음으로 파라마운틴 스튜디오 담벼락을 따라 걸으며 할리우드의 낭만과 여유를 음미하던 관람객의 설렘은 이제 VIP들에게 프리즈 서울을 근사하게 소개해서 성공적인 첫 론칭을 위해 만반의 준비를 해야 하는 스태프의 긴장감으로 전환되었다. 정말 인생이란 그 전개를 종잡을 수 없는 드라마 같다는 생각이 들었다.

내가 프리즈 서울 론칭쇼에서 맡은 업무는 아트페어가 개최되는 동안 하루 4회, 약 50분간 프리즈 서울 2022 주요 후원사의 VIP들을 대상으로 투어를 진행하는 일이었다. 아트페어에 참가한 세계 각국의 150여 곳 중 주요 갤러리 부스를 중심으로 그들의 이력과 세계

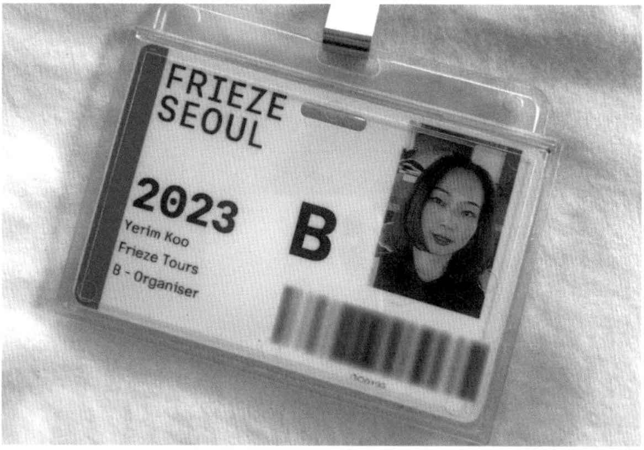

프리즈 서울2022, 2023의 투어 조직 위원으로 활동했던 필자의 ID카드

적 영향력, 그리고 그들이 소개하는 작가의 작품 세계와 미술 시장에서의 거래 추이에 관해 설명을 하면서 현재 세계 미술 시장의 최신 트렌드를 설명했다.

아트페어 오픈까지 2달이 남은 시점에서 나는 런던에 있는 프리즈 본사 투어 팀과 합류해 프리즈 서울 투어 담당자와 함께 프리즈 서울 VIP 투어를 준비했다. 이를 위해 국립현대 미술관 도서관에서 프리즈 아트페어의 모체가 되는 프리즈 매거진 과월호를 보기도 하고, 스위스 연방은행과 아트 바젤이 매해 발표하는 세계 미술 시장 리포트를 읽기도 했다. 또한 크리스티, 소더비, 필립스와 같은 세계 주요 미술품 경매회사의 최근 경매 세일즈 결과를 살펴보면서 프리즈 서울을 통해 관람자들이 놓쳐서는 안 되는 세계 미술 시장 흐름을 느낄 수 있도록 투어를 세심하게 설계해나갔다.

무엇보다 지난 10년간 미국, 홍콩, 멕시코, 영국 등 세계 각국 수많은 도시에 방문해 그곳의 미술계와 미술 시장에서 직접 체감한 경험이 체계적인 투어 설계에 큰 도움이 되었다. 마치 그동안 경험했던 살아있는 미술계라는 조각들을 이어 붙여 집대성하는 듯한 특별함이 느껴졌다. 지난 10년간 발품 팔며 쌓아 올린 세계 미술 시장의 구조와 흐름, 그리고 미술에 대한 인사이트들이 프리즈 서울 투어를 준비하면서 일종의 정서적 보상을 받는 듯한 기분이 들어 짜릿한 희열감을 느낄 수 있었다.

세계의 정점에 있는 대형 갤러리들이 대거 참여하는 행사인 만큼 그저 단순히 유명, 대형 아트페어가 국내에 상륙한다는 정도의 의미가 아니었다. 우선 프리즈 서울에 참여한 갤러리들을 생각해보자. 이들은 현대 미술 시장에서 막대한 영향력을 가졌다. 그리고 그 갤러리들이 출품한 작품과 작가들 역시 미술 시장, 그리고 미술사의 맥락에서 큰 의미를 지니고 있다. 즉 프리즈 서울은 한국 현대 미술사에 있어 그동안의 전시로 접할 수 있었던 작가와 작품 라인업 기준을 완전히 상향 조정한, 한국 미술사에 길이길이 남을 엄청난 시도이자 기회였다.

또한 세계 각국 도시에서 열리는 프리즈 아트페어에서 수백억 원대의 미술 작품을 구매하는 VIP들이 프리즈 서울을 계기로 앞으로 매해 꾸준히 한국을 방문한다면? 한국 문화예술계는 물론 여타 소비 시장에 불러일으킬 새로운 고부가가치 산업이 어떻게 펼쳐지게 될지 큰 기대가 될 정도이다.

일곱 번째 발자국

아트디렉터 ARTSYKOO

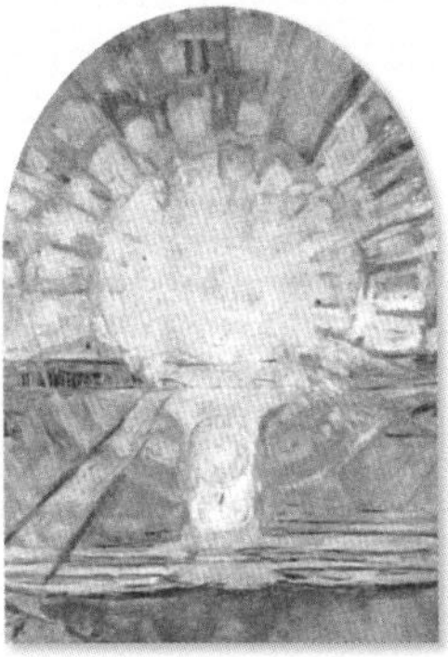

스타트업 신의 흐름에 발을 담그다

"저기 왔네. 예술 그 자체인 인간."

20대 시절, 예술과 관련 없는 타 전공 친구들과 이따금 모임을 하게 되면 친구들은 장난삼아 이렇게 나를 반기곤 했다. 9살 때 바이올린을 시작해서 예술고등학교를 졸업하고, 음대를 다니다 예술경영으로 전공을 바꾸더니, 연기과 부전공을 하며 학부 졸업 후에는 미술 이론으로 대학원을 다녔다. 정말 나의 10대와 20대는 온 예술계를 정신없이 종횡무진으로 움직였던 시기였다. 그러니 '예술 그 자체인 인간'이라는 친구들의 우스갯소리가 아주 틀린 말은 아니었던 것이다.

그러나 내 삶이 '예술 그 자체'라고 할 수는 있을지언정 내가 20대 전부와 30대 초반까지 무려 13년간 거주했던 곳은 놀랍게도 금융과 기술의 중심인 테헤란로였다. 테헤란로에 살게 된 계기는 딱히 특별할 것이 없었는데, 그저 내가 살고 싶은 집이 하필 그곳에 있었기 때문이다.

덕분에 나는 수업이 없는 평일 오후나 주말에 집 근처를 배회하다 보면 마치 강의실을 잘못 찾아온 예술 전공생 같은 기분이었다. 집 근처를 걸어 다니거나, 카페에서 과제를 하거나 논문을 쓸 때, 나를 제외한 대부분의 사람들은 변호사 혹은 변리사, IT 기업, 금융 관련업 등에 종사하는 직장인들이었다. 그렇게 카페에 앉아서 과제를 하고 있노라면 거의 매일같이 '비트코인', '블록체인', '스타트업', '실리콘밸리', '벤처캐피털' 같은 단어들을 심심치 않게 들을 수 있었다. 물론 우리 집 근처 카페에 앉아 청나라 건륭제가 선호했던 도자기라던가, 정선의 금강산전도가 지도 같은 역할을 했다는 주제의 이야기가 들리는 것도 웃기는 일이라고 생각되지만.

본디 호기심이 많은 나였기에 이런 새로운 시대의 키워드가 궁금해서 때때로 관련 세미나나 행사에 가기

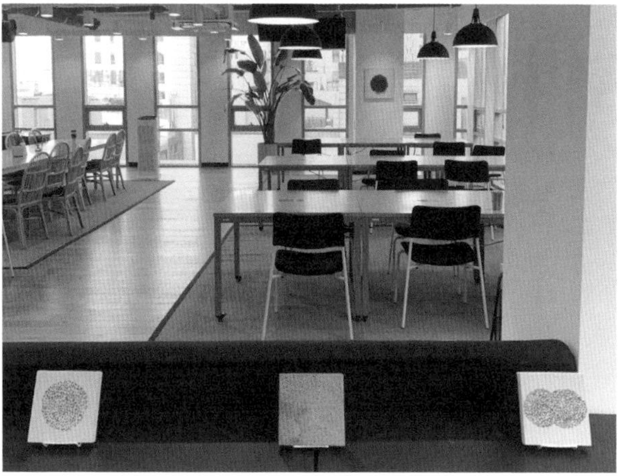
위워크 강남역2호점에 전시된 김누리 작가의 작품들

도 했다. 그렇게 개발자, 스타트업 대표, 투자자들과 교류하며 그들의 세계관을 조금씩 알아가던 중 나의 호기심을 끈 것은 바로 '공유오피스'였다.

2010년대 중반, 테헤란로와 같이 접근성 좋은 주요 상업 지구 내에는 공유오피스가 우후죽순 생겨나기 시작했다. 하나의 커다란 오피스 건물 안에 크고 작은 다양한 회사, 혹은 프리랜서들이 공동으로 사용하는 공유오피스는 번뜩이는 새로운 아이디어로 세상을 바꾸는 서비스나 기술을 개발하는 스타트업을 상징하는 공간이라는 인식이 뿌리내리기 시작했다. 특히나 이제 막 시작하는 단계의 스타트업 회사들을 중심으로 하나

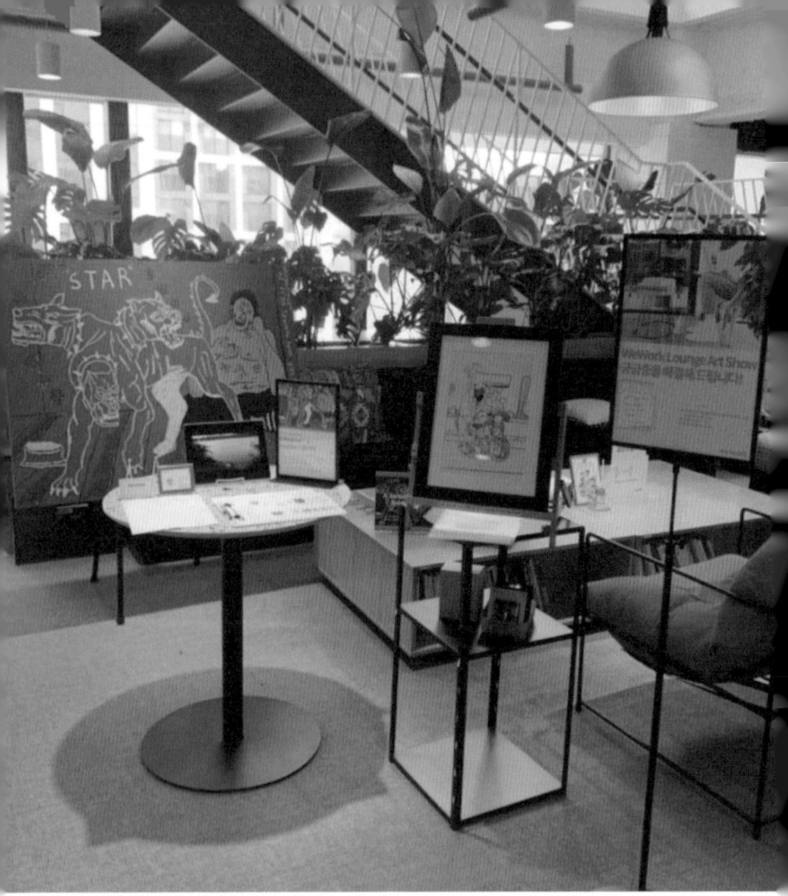

위워크 삼성역 2호점 라운지에서 진행되었던 <아트쇼by아치쿠 4th edition – 강태구몬 작가 “A Dreamer’s Doodles(2020)”> 전시 이벤트 현장

의 네트워킹 장소로써 큰 역할을 하고 있었다. 그래서 나 역시 갤러리를 퇴사하고 독자적으로 준비하던 일의 시장조사 및 시대의 새로운 흐름에 급물살을 타고 싶다는 생각에 세계 최대 규모의 미국계 공유오피스 '위워크'에 입주하게 되었다.

당시의 나는 아트 비즈니스를 벌리기 전에 시장에 대한 큰 그림을 제대로 파악하고 뛰어들어야겠다는 생각을 했다. 그래서 국내외 아트페어와 온라인 아트플랫폼을 이용해 미술 작품을 사 모으기 시작했고, 크고 작은 미술 작품들은 공유오피스 내 나의 데스크 위에 차곡차곡 쌓이기 시작했다. 미술 작품이 점차 늘어나는 것이 눈에 띄게 보이자 스타트업계 프로그램 개발자들이 주를 이루고 있는 공유오피스 입주자들은 하나둘씩 내가 무슨 일을 하는 사람인지 물어보았다.

당시 나는 나의 정체에 대한 질문을 받을 때마다 가슴이 철렁할 정도로 불안정한 상황이었다. 말이 좋아 사업을 구상하는 단계의 예비 사업가지, 매일 같이 전시를 보러 다니고 그 내용을 정리해서 블로그나 SNS에 올리며 하루하루를 보낼 뿐이었다. 내 일은 당장의 생산성을 찾아보기 어려운 무한한 인풋만이 들어가는 상황이었기에 다른 사람들에게 내가 뭘 하는 사람이라고 소개해야 할지 몰랐다. 그리고 한참을 고민하던 끝에 일단은 나를 이렇게 소개하기로 했다.

“저는 미술을 좋아하는 아트러버 아치쿠ARTSYKOO 입니다.”

나는 나의 정체를 묻는 낯선 사람들에게 일단은 뻔뻔하게 아트러버라고 소개했다. 뭔가 불확실하게 보이지 않고자 ‘아티스틱한 자아’를 취하면서 동시에 그것을 애호하는 사람이라는, 다소 낭만적이면서도 추상적인 포지션으로 나를 소개한 것이다. 그리고 내 실명이 아닌, 아치쿠ARTSYKOO(‘예술적인’이라는 뜻의 영단어 ARTSY와 나의 성 KOO의 조합)라는 이름으로 나를 소개하기 시작했다. 그리고 어느 순간 공유오피스 내에서 사람들에게 ‘아치쿠’라는 이름으로 불리고 있었다.

그렇게 내가 아치쿠가 되고, 또 그렇게 불리게 된 것이 어색하지 않았던 것은 전적으로 당시 스타트업계가 지향하던 그들만의 차별화된 업무 환경 덕이라고 생각한다. 본인의 실명이 아닌, 영어 이름으로 서로를 부르면서 일반 기업에서는 찾아보기 어려운 격식 없고 수평적인 조직 문화를 조성하려고 하는 업계 전반의 분위기가 큰 영향을 끼쳤던 것이다. 지금 와서 당시의 내 모습을 돌이켜 보면 무언가 열심히 돌아다니고, 사진을 찍고, 글을 쓰고, 명함을 건네며 새로운 사람들과 교류하면서 뭔가 막연하게 예술 관련 일을 바쁘게 하고 데스크 위에는 미술품을 쌓아 올려두는 일종의 '아티스틱한 바쁜 백수' 정도로 보였을 것 같다는 생각이 든다.

공유오피스에는 각자 할 일을 하며 밤새며 일하는 사람들이 대다수였다. 이런 분위기 속에서 나는 애써 태연한 척했지만, 사실은 불안정한 하루하루를 버티고 있었다. 내가 할 수 있는 일은 일단 전시를 닥치는 대로 많이 보는 것뿐. 그리고 그저 이 경험을 토대로 무엇이든 시작하자는 일념 하나로 스스로를 다독일 뿐이었다. 그렇게 발품을 팔며 아트 신을 돌아다니고, 사람들을 만나고, 그들을 사무실로 초대하는 일을 반복하다 보니, 불과 몇 개월 만에 작가, 큐레이터, 컬렉터들이 공유오피스에 머무르면서 자연스럽게 스타트업 종사자들을 만나게 되었다. 그랬더니 그들 중에서 미술 혹은 문화생활에 대한 남다른 관심을 가진 사람들이 제법 많다는 사실을 알게 되었다.

위워크에서 전시해보실래요?
아트쇼by아치쿠

그렇게 새롭게 사귄 지인들이 하나둘 늘어가던 중 내가 하는 일을 관심 있게 지켜보던 위워크의 커뮤니티 팀 매니저가 나에게 한 가지 제안을 했다.

"아치쿠 님, 혹시 저희 라운지 공간에서 전시를 해 보시는 건 어떠세요? 저희가 커뮤니티 내부 풀을 이용해서 전 지점에 홍보도 해 드리고, 저희 내부에서 진행하는 소셜클래스 세션으로 미술 세미나를 진행하시면 세미나 참여하는 입주자들에게 점심 식사를 지원해 드릴 수도 있어요."

전시기획? 놀랍게도 나는 그간 단 한 번도 전시기획자가 되겠다는 상상조차 해 본 적 없었다. 그 이유는 아주 단순한데, 나는 그저 미술사가 좋아서 미술이론과로 진학했기 때문이다. 작품 분석을 하고 작품이 구성된 당시 사회상을 이해하는 것이 즐거웠다. 그래서 미술을 사회사적 관점으로 연구하는 학자에 더 관심이 있었다. 게다가 전시기획자는 철학과 미학에 통달하면서 현대 미술에 대한 조예가 깊은 사람만이 하는 것이

올바른 예시라고 생각했다. 그리고 전시 자체를 시각적으로 구현하는 데도 미술 실기 고등교육을 받은 경험이 있는 사람들이 더 잘 해내리라 생각했다.

하지만 동시에 나는 관람자로서 전시를 보는 현실 상황에 많이 지쳐있기도 했다. 경험적 인풋만 이루어지다간 그저 고여서 썩은 물로 전락할 것 같다는 생각이 들었다. 나는 현실에 만족하지 못한 채 답답해하는 내 모습을 그냥 내버려 둘 수 없었다. 작은 프로젝트라도 당장 도전하지 않으면, 내 열정을 과연 얼마나 유지할 수 있을지조차 가늠이 안 될 만큼 위태로운 상황이었다.

그래서 나는 긍정적인 측면만 바라보기로 생각을 바꾸었다. 그렇다면 전시기획자로서 활동하기에 내가 가진 가장 큰 장점이 무엇일까? 바로 국내외에서 우수한 기획력이 돋보이는 양질의 전시를 봐온 경험이라고 할 수 있다. 그래서 나는 그동안 쌓아왔던 나의 관람 경험을 하나하나 더듬어 보면서 나에게 인상적으로 다가왔던 전시가 무엇이었는지 떠올렸다. 그리고 그 전시가 마음에 들고 오래도록 기억에 남는 이유를 분석해 보았다. 과거 관람자의 입장으로 본 전시를 회상해 기획자가 전시를 통해서 전달하고자 했던 메시지를 떠올리고자 한 것이다.

그 결과 작품 전시도 마치 음악 같다고 느껴졌다. 하나의 좋은 메시지를 초지일관 끈기 있게 보존하고 그것이 지향하는 바를 점차 두드러지게 보여주는 것이다. 그리고 한순간에 집약적이고 폭발적으로 클라이맥스를 보여주는 형식을 갖출 수 있다면 최악의 상황은 면할 수 있다는 생각이 들었다.

비록 전시기획의 경력은 전무하지만, 문학의 기승전결, 음악의 제시부-발전부-재현부와 같은 소나타 형식, 영화의 내러티브 같이 분야를 막론하고 궁극적으로 전달하려는 메시지를 훼손하지 않고 일관성 있게 끝까지 끌고 가면 된다고 생각했다. 메시지를 잘 살리면 그 어떤 형태의 작품이나 프로젝트든 적어도 허접스럽게 보이지는 않을 것이다. 게다가 메시지가 독창적이면서 동시에 많은 이의 공감대를 형성할 수 있다면 '감동'이라는 이상적인 감정을 전달할 수도 있지 않을까 생각했다. 그렇게 지레 겁먹었던 전시기획을 내가 아는 선에서 최선을 다해 도전해보자고 생각하면서 처음으로 전시기획을 시도하게 되었다.

'아트쇼by아치쿠'라는 이름으로 약 3년간 진행된 나의 전시 프로젝트 컨셉은 조금 특별했다. 당시 내가 입주해 있었던 위워크는 그 세련된 인테리어로 세간에 유명세를 치르던 곳이었고, 감각적인 실내 공간에 어

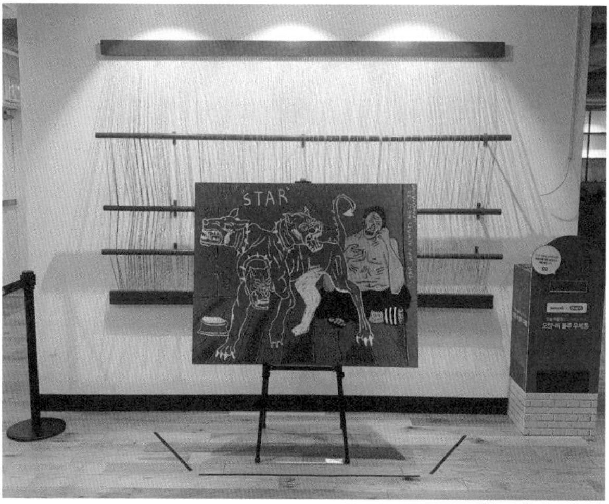

위워크 삼성2호점에서 진행되었던 <아트쇼by아치쿠 4th edition – 강태구몬 작가, “A Dreamer’s Doodles(2020)”> 전시 현장

울릴법한 작업을 하는 젊은 작가를 섭외해 작품을 전시하는 것이 이 프로젝트의 미션이었다.

전시를 목적으로 하는 공간인 ‘갤러리’가 아닌, 비즈니스 공간을 공유하는 ‘공유오피스’라는 특수한 목적을 가진 장소에서, 예술과는 조금 거리가 있는 입주회사의 직원들을 주요 대상으로 기획하는 전시다. 이 흔치 않은 조건의 전시 환경에서 나는 격월로 진행되는 전시를 통해 국내 신진 작가들의 작품을 공유오피스의 공간 곳곳에 전시했다. 동시에 참여 작가의 작품세계에 관해 소개하는 아트 세미나와 전시 참여 작가

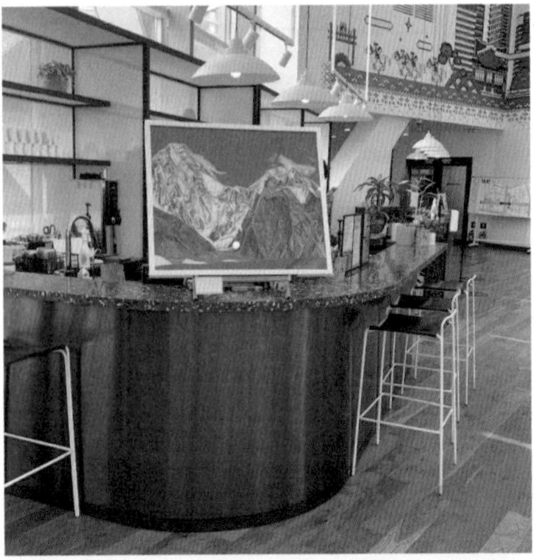

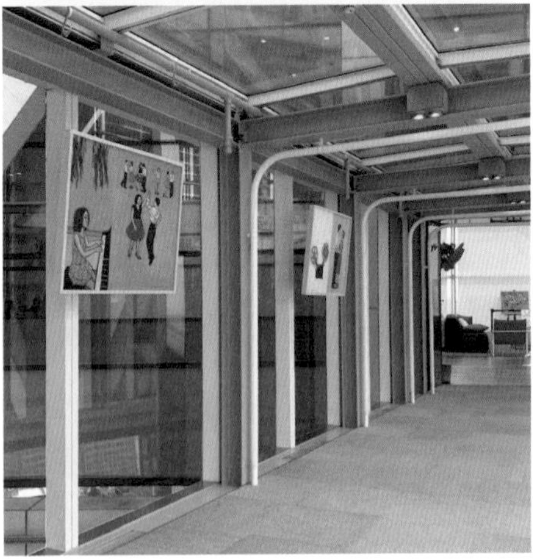

위워크 종로타워점에서 진행되었던 <아트쇼by아치쿠 5th edition –
이정규 작가 "dans leur plénitude(2020)"> 전시 현장

토크 프로그램을 직접 진행했다.

스타트업 신 한 가운데에서 전시와 교육 프로그램을 동시에 진행하면서 감사하게도 그간 다양한 활동을 하며 다져온 새로운 인연들을 초대할 수 있었다. 그들과 함께 전시에서 선보이는 작가와 그들의 작품을 깊이 있게 소개하고 또 감상을 공유하는 뜻깊은 시간을 보내며, 전시기획 이전에는 미처 생각하지 못한 새로운 형태의 깊이 있는 미술 감상의 경험을 쌓을 수 있었다. 그리고 이 경험을 기반으로 회차를 거듭하며 보다 나은 전시 방식을 구상하고 구현하기 위해 연구하면서 점차 어엿한 전시기획자로 성장할 수 있었다.

달라진 나의 포지션, 즉 전시기획자가 된 이후 함께 전시할 작가를 찾기 위해, 열심히 신진작가들의 작품이 전시된 미술관, 갤러리, 아트페어를 찾아다녔다. 여기서 작품을 유심히 살펴보면서 내 전시 조건에 잘 어우러질 작가를 발견하면 주저 없이 해당 작가를 섭외하기 위해 적극적으로 연락을 취했다. 나는 전시 프로젝트를 진행하면서 전에는 몰랐던 새로운 나의 면모를 마주할 수 있었다. 다행히 면식 없는 작가를 섭외하는 일은 예상외로 내 적성에 잘 맞았고, 덕분에 열의를 갖고 적극적으로 섭외를 시도할 수 있었다.

이렇게 내 전시에 여러 사람이 관심을 가져주고, 또

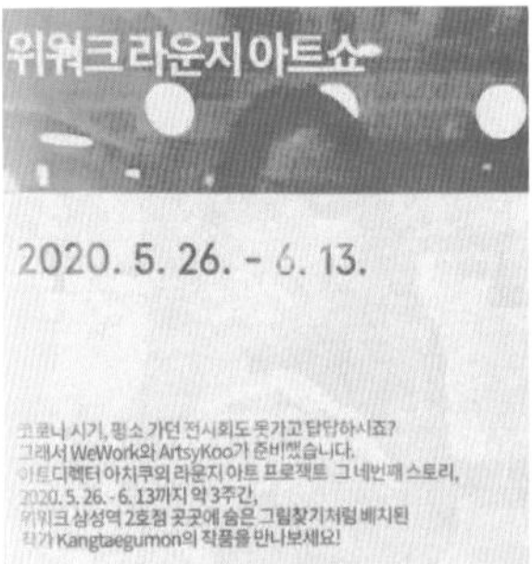

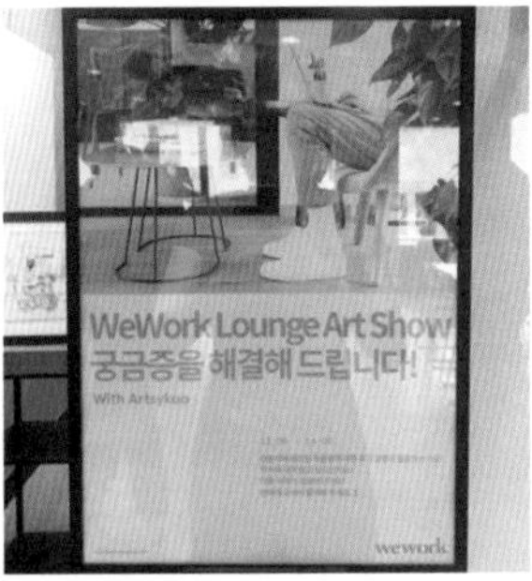

위워크에서 진행되었던 <아트쇼by아치쿠>의 홍보물 이미지

전시를 위해 작가들을 만나고 제안하면서 기획자로서 적합한 자질들을 하나하나 갖춰나갈 수 있게 되었다. 덕분에 점차 전시기획이라는 일 자체를 즐기는 자신을 발견할 수 있었고, 감사하게도 사람들의 관심과 참여, 응원과 격려 덕에 공유오피스 라운지 전시 프로젝트를 무려 3년이나 이어갈 수 있었다.

이처럼 아주 우연한 기회로 시작돼 나를 전시기획자로 성장하게 만들어 준 공유오피스 전시 프로젝트 '아트쇼by아치쿠'는 욕심부리지 말고 일단 재미있게 해 보자는 생각으로 부담 없이 시작한 결과 3년간 총 9회에 걸쳐 이루어졌다. 전시는 10여 명의 국내 신진작가들의 작품을 주축으로 강남, 종로에 위치한 4개의 위워크 지점을 이동하면서 이어졌고 일개 '뮤지엄 고어'였던 나는 '아트디렉터'라는 새로운 직함으로 불리기 시작했다.

당시 아무것도 검증된 바 없는 초보 전시기획자에 불과했던 나를 믿고 귀중한 작품을 내어 준 참여 작가들 또한 부지런히 작품 활동을 하며 현재 국내 미술 시장에서 좋은 성과를 내고 있어 뿌듯하다. 전시와 관련한 분들께는 늘 감사한 마음, 그리고 응원하는 마음을 전하고 있다.

눈에 보이는 음악,
음악이 들리는 전시

고등학교 3학년 때, 나는 내 음악 인생에 있어서 뜻깊은 경험을 했다. 악보대로 그저 틀리지 않고 연주하는 것과 그 연주에 음악적 정서를 입히는 것의 차이를 깨닫게 된 것이다.

당시 나는 막스 부르흐 라는 작곡가의 바이올린 협주곡 3악장을 기말고사 곡으로 연습하고 있었다. 어려운 테크닉을 연습해서 틀리지 않고 연주할 수 있게 되었음에도 나의 바이올린 선생님은 내 연주에 불만족하시며 이런 말씀을 하셨다.

"비록 틀리지 않고 연주를 했지만, 아쉽게도 너의

음악을 들으면 그 음악이 지향하는 어떤 그림, 혹은 그 음악이 어울리는 어떤 풍경이 도무지 그려지지 않아."

이게 대체 무슨 소리인가. 나는 곡을 틀리지 않고 연습하는 것만으로도 벅차 아등바등 겨우 연주하고 있는데, 선생님은 자꾸 내 음악에서 풍경이 그려지지 않는다는 알 수 없는 말만 반복했다.

나는 더 앞으로 나아가지 못하는 나의 바이올린 실력에 깊은 좌절을 하게 되었다. 그렇게 몇 날 며칠을 고민하며 그림이 그려지는 연주가 무엇인지 고민했다. 그러던 어느 날 아무도 없는 조용한 거실에 앉아 과연 음악을 통해서 풍경이 보이려면 대체 어떻게 해야 할까 고민을 하면서 밤을 새우다 결국 동이 트기 시작했다.

그때였다. 당시 우리 집에서 바다가 보였는데, 동이 틀 무렵 바닷가가 마치 은빛 호수같이 반짝이는 광경이 눈에 들어왔다. 너무나도 아름다운 풍경에 마치 홀린 듯 바이올린을 꺼내 들고 부르흐 바이올린 협주곡 3악장에 등장하는 곡의 특정 부분을 연주해 보았다. 저음역에서 빠르게 고음역으로 올라가 폭발적으로 연주하는 형식의 진행이었다. 최대한 내 시각에 들어오는 바다 풍경에 어울리는 톤의 소리를 상상하며 연주를 하고 녹음본을 들어봤더니 이전과는 전혀 다르게 느껴

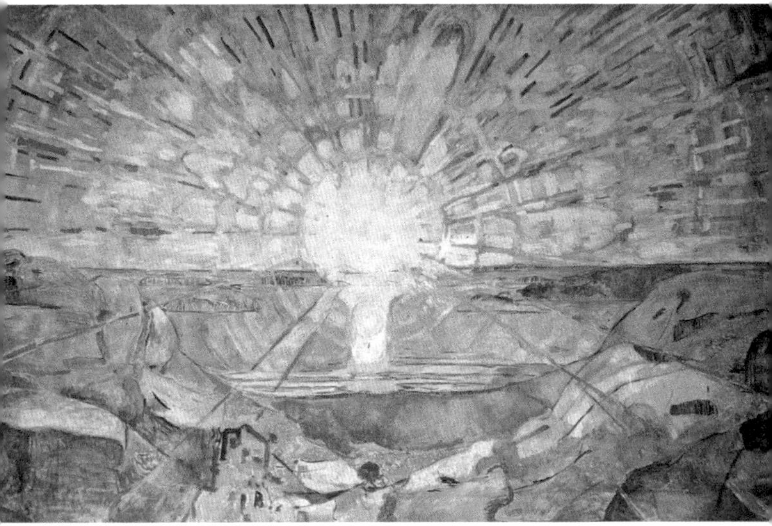

에드바드 뭉크, <태양>
동이 틀 무렵의 고요한 아침 바다 풍경에 어울리는 톤을 상상하며 연주를 하니 이전보다 감동적인 음악이 되었다. 이 경험은 감정을 전달하기 위해 구체적인 분위기와 이미지를 상상하는 것의 중요성을 깨닫게 해주었다.

졌다.

보다 입체적이고 감동적인 음악, 무엇보다도 연주에서 내가 구체적으로 지향하는 목적과 콘셉트가 뚜렷한 방향으로 향하고 있다는 생각이 들었다. 그리고 나는 이 상황에 간단한 전개를 상상해서 덧입혀보았다. 바닷가를 거닐다가 그 아름다움에 넋을 잃고 바라보기도 하고, 갑자기 커다란 파도에 놀라기도 하고 아이처럼 웃기도 하는. 임의로 만든 하나의 내러티브를 음악의 커다란 전개에 덧입혔다.

결과적으로 선생님도 자신이 말하던 '풍경이 보이는 음악'이 가능해졌다고 놀라셨다. 그렇게 나는 비로소 음악에 풍경을 덧입히는 과정이 무엇인지 제대로 깨닫게 되었다.

회차를 거듭하며 전시를 기획하면서 나는 점차 나만의 프로세스를 정립하기 시작했고 그 과정에서 아주 오랜만에 '풍경이 그려지는 음악'을 연주하게 된 기억을 더듬게 되었다. 그리고 이 방법을 전시기획에 적용해 볼 수 있지 않을까 생각했다.

나는 내가 기획하는 전시에 적합하다고 생각하는 작가를 섭외한 뒤 그들의 포트폴리오를 전달받고 몇 시간이고 그들의 작품 이미지를 돌려보면서 어울릴만한 음악을 끊임없이 결합해 보았다.

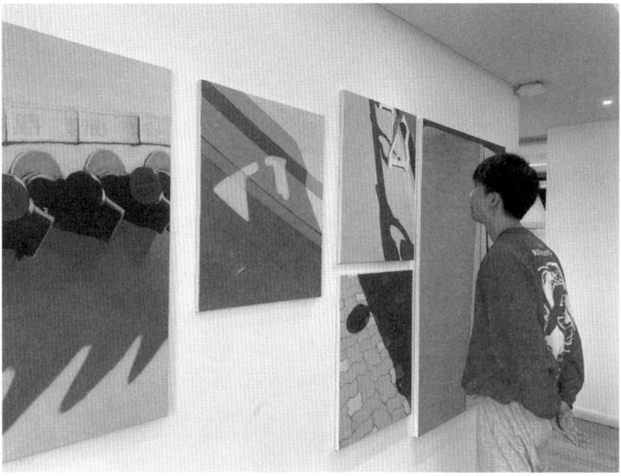

한남동 소재 레스토랑 '메종 한남'의 2층 라운지 공간에서 진행되었던 <살데페앙튜르 salle des peintures> 전시에 참여한 이현우 작가와 그의 작품들.
본 전시에 출품된 작품들은 기획 과정에서 루 리드의 'Just a Perfect Day'를 반복해서 들으면서 선별했고, 전시 제목 또한 'Just a Perfect Day'로 진행되었다. 루 리드의 음악을 들으면 이현우 작가의 작품들이 떠오르고 이현우 작가의 작품들을 보고 있자면 루 리드의 음악이 들리는 듯한 기분을 들게 하는, 필자의 전시기획 의도가 잘 반영된 전시였다.

이후 내가 만난 작가의 분위기와 그 작품 전반에 어울리는 음악을 선곡하고, 그 음악을 반복해서 들으며 전시를 통해 전달하고자 하는 메시지와 분위기를 구체화했다. 방법은 하나의 메시지를 에세이 형태로 풀어 쓰고, 전시 관람 동선의 흐름과 전반적 분위기를 만드는 것이다. 그리고 완성된 에세이 형태의 내러티브에 음악과 작품 이미지들을 더해 마치 음악이 들리는 그림일기처럼 배열해서 하나의 영상으로 만든다. 그리고 이 영상을 전시 기간 전후로 전시 콘셉트를 전달하는 홍보 영상으로 활용한다.

결과적으로 전달하고자 하는 메시지가 전시 공간 내 작품을 통해 흐르고, 보이고, 들리도록 기획하는 것이 내가 지향하는 전시 방식이다. 그렇게 전시 오픈 전 설치를 무사히 마치고 주제곡으로 고른 음악을 전시장에서 틀었을 때, 작품과 전시 주제와 음악들이 어우러져 공간은 그 분위기로 그윽하게 차오른다. 그러면 나는 비로소 안도감을 느끼며 사람들에게 전시를 보러오라 자신 있게 초대할 수 있게 된다.

세계 최고의 전시 공간에 설치된 내 작품을 상상하는 연습

"나는 그림의 대상이 그것 아닌 다른 것으로 보이기를 원치 않는다. 그림의 대상이 그 자체로써 보이기를 원한다. 그리고 그림이 실세계로부터 만들어진다면 실세계보다 더 실감 난다고 생각한다."

— 로버트 라우센버그

'이 전시가 주는 감동과 시각적 경험을 고스란히

한국으로 옮길 수만 있다면 얼마나 좋을까!'

LA카운티뮤지엄LACMA에서 로버트 라우센버그의 대규모 회고전을 보면서 내 머릿속을 스쳤던 생각이었다. 이 회고전에 전시된 라우센버그의 전 생애에 걸친 작품들을 하나도 빠짐없이 한국으로 가지고 와서 전시하고 싶었다. 왜냐하면 이 회고전의 구성과 출품작들이 혼자 보기 아까울 정도로 완성도 높은 작품들로 가득했고, 한국에서는 라우센버그의 작품을 쉽게 접할 수 없기 때문이다. 거기에 설치, 조각, 콜라주, 회화 등 다양한 매체로 제작된 작품들이 아주 세련된 자태로 나열되어 전시 자체가 라우센버그가 만든 하나의 세계관처럼 읽히는 완성도 높은 전시라는 것도 한 가지 이유였다.

하지만 두 가지 이슈를 생각했을 때 이 전시의 감동을 고스란히 한국으로 가져오는 것은 현실적으로 불가능하다고 생각했다. 첫 번째는 엄청난 무게를 자랑하는 그의 '콤바인 페인팅' 형식의 작품을 우리나라까지 장거리 운송하는 문제다. 수많은 비용과 위험부담이 따를 것인데 이런 예산을 집행하면서까지 국내로 본 전시를 들여올 수 있는 기관이 몇이나 될까? 두 번째로는 한국의 어느 전시 공간에 라우센버그의 대형 작품

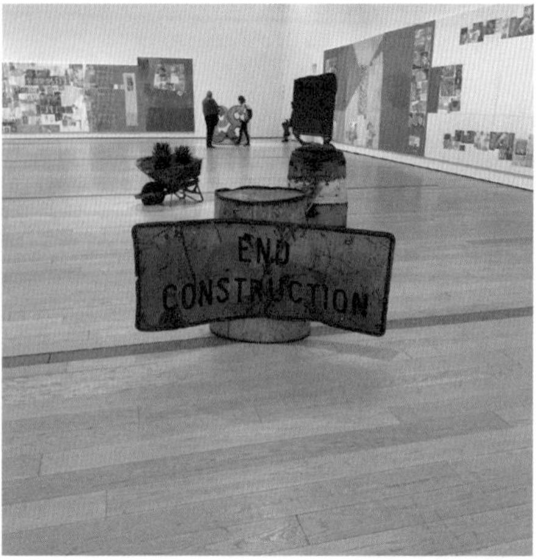

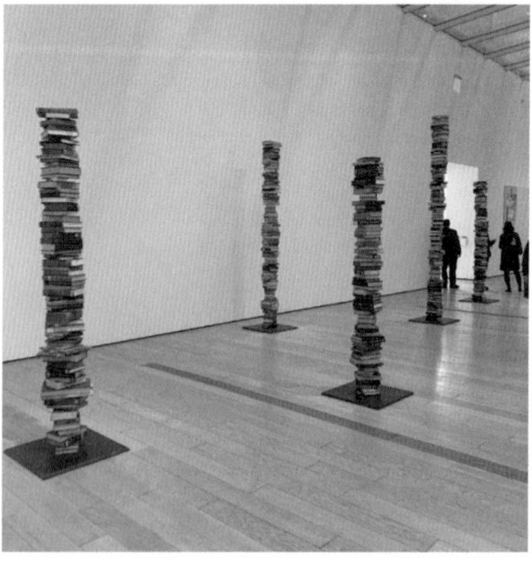

LACMA에서 열린 로버트 라우센버그 회고전

들을 설치했을 때 비로소 LACMA 전시 공간을 넘어설 수 있을지 선뜻 떠오르지 않았기 때문이다.

전시 공간 안에 작품이 전시되었을 때 그 작품이 내뿜게 될 에너지에 대해 상상하는 것은 작가에게 매우 중요한 문제다. 나아가 작가 자신이 지금 구상하고 제작하고 있는 작품이 구체적으로 어떤 전시 공간에서 전시될 것이지 상상하는 연습이 도움이 될 것이라는 생각을 하게 되었다.

다년간 수많은 작가의 작업실을 방문해왔던 나는 서울 지역에 작업실을 가지고 있는 대다수 신진작가들의 작업실 크기가 그리 크지 않다는 사실을 깨닫게 되었다. 작업실 내에 오로지 작업만을 위해 한 작가에게 할당된 공간은 적게는 4평, 크게는 10평 남짓 크기의 공간이었다.

초대형 전시 공간과 작품이 만들어내는 이상적인 전시를 구현하기 위해서는 물론 훌륭한 전시장과 실력 있는 전시기획자가 있어야 한다. 하지만 무엇보다도 작가는 초대형 전시 공간이 뿜어내는 압도적인 분위기에 짓눌리지 않을 정도의 시각적 에너지가 자신의 작품에 충분히 존재하는지 생각해봐야 한다.

사실 이런 상상을 연습하는 과정이 중요하다는 생각은 내가 음악을 전공하던 시절의 경험에 기인한다.

바이올린을 전공하는 입시생의 경우 1~2평 남짓한 크기의 연습실에서 적게는 하루에 4시간 많게는 10시간, 12시간씩 연습하는 것이 일상적이다. 하지만 결과적으로 연주는 연습실이 아닌 수많은 관객이 바라보고 있는 무대 위에서 한다. 이 사실을 망각하면 아무리 열심히 연습해도 무대 위에서 당황할 수 있고, 결과적으로 연주에 제대로 집중하지 못한 채 아쉬움만 가득한 연주를 할 수도 있다.

그래서 실제 연주 전에 실전과 같은 환경에 익숙해지고자 무대 위 연주를 연습하는 것이 무엇보다도 중요하다. 이는 실전에 강한 연주자가 되기 위한 필수 연습 과정 중 하나이다.

나는 이러한 음악 연주자들의 연습 방식이 미술 작품을 만들고, 전시하는 작가의 상황에도 적용될 수 있지 않을까 생각해 보았다. 좁은 작업실에서 작품을 그리다가도 자신이 작업하고 있는 이 작품이 LACMA 혹은 뉴욕의 구겐하임이나 휘트니미술관과 같은 세계적인 대형 미술관의 주요 전시실에 전시되는 상황을 상상하면서 작업을 한다면 더 이상적인 작품으로 완성할 수 있지 않을까?

대형 미술관 전시실이 자아내는 압도적인 공간의 분위기에 지지 않는 작품만이 가진 힘. 그 크기가 크든

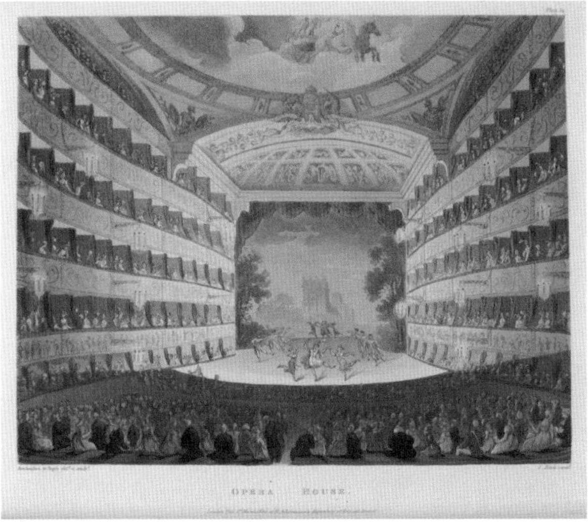

런던 곳곳의 풍경을 담은 판화집 <Microcosm of London(1809)>에 수록된 오페라 공연장 풍경

작든, 입체이든 평면이든, 다채색이든 단색이든, 추상이든 구상이든 상관없이 전시 공간의 분위기를 장악할 만큼의 시각적인 힘을 가졌는지 수시로 생각해 보는 것이다.

이 과정은 자신의 작품을 보다 비판적으로 바라보면서 완성해나갈 수 있을 것이고, 결국에는 실제 상황에 가정해 작품을 완성해가는 방법이 작가 본인은 물론, 전시기획자, 그리고 관람자 모두가 만족하는 작품과 전시를 완성하는 데 긍정적인 영향을 끼칠 것이라고 본다.

사유하고, 탐구하고, 연구하며, 유랑했기에 가능한 나만의 전시기획

라우센버그 회고전을 통해 전시 공간에 지지 않는 작품의 중요성을 깨닫게 된 이후부터 나는 매번 전시를 기획하는 과정에서 반드시 고수하는 나만의 출품작 선정 방식이 있다. 그것은 바로 내 기준에서 가장 이상적인 전시 공간인 LACMA와 뉴욕 휘트니미술관 메인 전시실에 작품을 설치한 뒤 바라보는 상상을 하는 것이다. 차분하면서 광활하고, 개방감 넘치면서 웅장하고 세련된 전시 공간 속에서 기죽지 않고 작품 본연이 갖는 에너지를 뿜을 수 있는가? 에너지가 충만한 작품들만 엄선해 출품작을 최종적으로 정하는 이 방식은 여러 번의 전시 과정을 통해 확실히 효과가 있다고 판단해 앞으로도 죽 유지할 계획이다.

또 다른 나만의 전시기획 비법 중 하나는 내가 기획한 전시에 참여한 작가들의 작품을 예외 없이 구매한다는 것이다. 다르게 말하자면 내가 살 수 있는 작품만 전시한다는 법칙이다. 그래서 실제로 아트페어를 보러 갔다가 내가 사고 싶은 작품이 생겨 작가를 만나 섭외해 함께 전시를 만들고, 그 과정에서 작품을 구매한 경험이 종종 있다.

내가 살 수 있는 작품만을 전시하고 판매한다는 나의 전시기획 전제 조건은 사실 '전시기획자'라는 직업에 대한 나의 정의에 기인한다. 본디 전시기획자란 작가의 작품 세계를 전시를 통해 사람들에게 전달하는 조력자로, 작가의 작품 세계를 전시라는 시각적 결과물과 작품 설명을 통해 이행하는 사람이다. 나는 다년간 미술계에서 활동하면서 작가의 세계관과 작품에 대한 나의 진정성 있는 동의와 공감이 전제되어야 원만한 작품 설명이 가능하다는 점을 깨달았다. 그리고 작가와 그의 작품 세계를 진정성 있게 잘 전달하기 위해서는 내가 작가를 진심으로 존경할 수 있어야 한다는 결과에 도달했다.

나아가 이러한 나만의 전시 작품 선별 방식에 부합하는 작품의 작가들은 공통된 특징이 있었다. 바로 작가이기 이전에 사회의 한 구성원으로 자신만의 시선을 갖추고 세상을 바라보며 문제를 인식한다는 것이다. 그리고 이 과정에서 작가 자신이 느끼는 바에 대한 세심한 사고 과정을 통해 의문을 던지고 그 답을 찾아가는 여정을 작품으로 전달하기 위해 노력한다. 이들

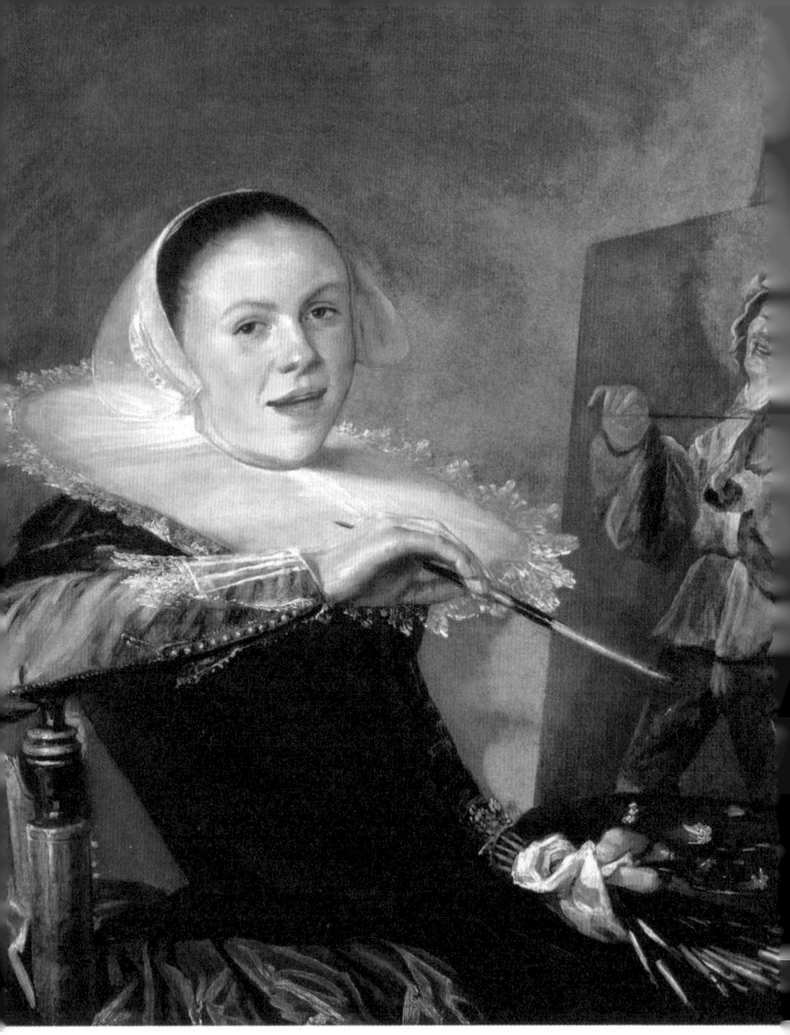

유디트 레이스터, <자화상>
여유와 자신감 넘치는 표정으로 화면을 응시하는 레이스터의 모습은 마치 경지에 도달한 듯 압도적인 분위기를 자아낸다. 작품 속에서 그녀가 그리고 있는 그림 속 바이올리니스트의 모습은 마치 자신의 예술 활동이 주는 즐거움을 표현한 듯하다.

은 때로는 좌절하지만 결코 타성에 젖어 있지 않고 자신만의 세계관을 구축해가는 철학자적 자세를 가진다. 그리고 그것을 멋진 시각적 결과물로 완성해 낸다. 이들이 바로 내가 지향하는 전시에 함께하고 싶은 작가이다.

앞서 언급했듯 나는 전시를 기획할 때 작가와 그의 작품 리스트를 보면서 어울리는 음악을 찾고, 그 음악을 들으면서 작가의 작품 세계에 대한 글을 쓴다. 다음으로 전시 주제와 그 주제에 시각적, 내러티브적으로 어울리는 작품을 약 2~30점 선정한다. 그리고 작가의 작업실에 찾아가 전시 개념에 관한 설명과 작가의 의견을 들으면서 기획 방향을 구체화한다. 마지막으로 출품을 희망하는 작품을 직접 눈으로 확인하고 전시 공간에 잘 어울릴 작품들을 매칭하면서 최종 전시 작품을 고른다.

사실 그 이후 과정이 제일 중요한데, 기획 방향이 어느 정도 잡히면 전시 참여 작가와 심층 인터뷰를 진행하면서 작가의 최근 작업 활동과 작품에 관해 이야기를 나눈다. 물론 작가가 기존에 다른 언론 매체와 진행한 인터뷰를 참고할 수도 있지만, 될 수 있으면 인터뷰를 직접 진행하려는 이유가 있다. 작가의 생생한 이야기를 들으면 관람자들에게 작품과 작가에 대한 설명을 전달하는 데 큰 도움이 되기 때문이다.

전시기획자는 좋은 전시를 완성도 높게 만들고 원만히 오픈 후 전시 운영을 하는 것도 중요하지만, 궁극적으로 전시를 통해서 관람객들에게 작가의 작품 세계를 최대한 효과적으로 전달해야 한다. 따라서 작가의 세계관을 깊이 있게 잘 이해하고 있는 것이 무엇보다도 중요하다.

에필로그
: Shake Your Artsy Spirit!

삶은 모퉁이 뒤에 숨어 있다가 "서프라이즈!"라고 외치며 우리를 전혀 예상치 못했던 파티 신으로 끌어들이기도 한다. 내게 있어 미술이야말로 삶이 준비한 행복한 서프라이즈 파티이지 않나 생각해 본다. 소리가 들리는 곳을 향해 무작정 따라가 보니 그곳에 음악이 있었다. 일찍이 그 아름다움을 알아버린 어린 시절을 지나 더 넓은 세상, 더 다양한 아름다움에서 더 많은 감동을 받는 삶을 살고자 한 나의 의지는 어느덧 나를 미술계로 이끌었다. 여기서 세상과 예술에 가져왔던 호기심 가득한 질문에 대한 답을 찾을 수 있었던 경이로운 순간들을 연이어 맞이하는 행복한 경험을 할 수 있었다.

"그냥 외워!"

뭐든 하나를 알아가는데 유난히 시간이 오래 걸리는 나는 이미 정해진 답이라고 불리는 것들에 대한 부연 질문이 많은 편이었다. 그리고 유난히 나를 자극했던 말이 있는데, 그건 바로 "그냥 외워!"라는 말이었다. 나는 이 말만 들으면 묘한 승부욕이 발동했다.

"세상에 대체 '그냥'이라는 게 어디 있어?"

"그것이 대체 왜 그런 것인지 내가 반드시 파헤쳐 볼 테다!"

우리가 사는 사회는 표면적으로는 어린이와 청소년의 창의력을 독려하지만, 정작 사회로 나갈 나이가 되면 호기심과 창의력을 달가워하지 않는다. 사회를 탈 없이 살아가기 위해 자신을 궁금함이 없는 사람처럼 위장시켜야 했고, 동시에 결코 호기심 많은 나를 잃어버리지 않기 위해 남들과는 다른 방식으로 세상을 바라보는 습관을 길러야 했다.

나는 어떤 것에 대한 호기심과 상상력이 마치 이스트를 첨가한 빵의 반죽처럼 부풀어 오르는 걸 굳이 억제하지 않았다. 어느 순간부터 한걸음 뒤로 물러나 혼자서 멈추지 않고 생각하고 고민하면서 나름의 답을 찾아가면서 나만의 '삶의 묘미'를 예술 속에서 찾아갔다. 이렇게 나만의 방식으로 홀로 숙성되고 있던 사유세계를 그냥 내버려 둔 덕분에 나는 남들이 겪지 않아도 될 근심 어린 시선이라는 풍파를 견뎌내야만 했다. 하지만 동시에 그 덕분에 내가 가진 삶의 가치관을 잃지 않으면서 내 사유세계를 이만큼이나 키울 수 있었다고 생각한다.

사소한 호기심을 동기로 궁금한 것들을 파고들다 보니, 서로 다른 세상들이 실제로는 닮은 구석이 많다는 중요한 사실을 깨닫게 되었다. 호기심과 파고듦, 거기서 얻은 세상에 대한 어렴풋한 이해는 도전을 두려워하지 않은 '나'로 살아갈 수 있게 해주었다.

음악에는 연습곡attitude이라는 것이 있다. 이 연습곡은 실제 연주곡을 원활하게 연주하기 위해서 특정 테크닉을 연마할 수 있게 도와준다. 연습곡을 통해 인내심을 갖고 기술 연마 훈련 과정을 버텨내야 비로소 작곡가가 열과 성을 다해 쌓아 올린 음악을 향해 제대로 날개를 펼치고 날아갈 수 있다. 그런데 연주자가 음악의 세계로 비상하기 위해 연습곡을 연마하는 것처럼 '미술 작품을 감상'하는 것도 마찬가지로 연습이 필요하다.

작품 앞에서 한참을 서서 바라보고 이를 분석하고 작가의 의도를 발견하고 즐거워하면서 깊이 있는 감상의 영역으로 도달한다. 예술을 즐기고 감상하고 감동할 수 있기까지 큰 노력이 필요하다. 하지만 그것들이 모두 유기적으로 작동해서 제대로 된 감상을 통한 감동의 카타르시스는 그간의 노력에 대한 차고 넘치는 보상을 해줄 것이라 믿어 의심치 않는다.

우리는 결국 모두 혼자가 된다는 사실을 잘 알고 있다. 이 사실을 인지하고 있는 이상 예술을 누리는 방법을 천천히 조금씩 익혀가는 연습을 한다면 즐겁고 뿌듯하지 않을까? 이 책을 통해, 그리고 나의 삶을 통해 예술 향유가 행복하게 살아가는 삶을 위한 하나의 방법이라는 것을 독자분들에게 전하고자 했다.

우리는 모두 자신 안에 예술적 재능이라는 씨앗이 심어진 채로 태어났다. 그리고 그 씨앗은 환경에 따라서 이른 시기에 꽃을 피울 수도 있고, 아예 피우지 못할 수도 있다. 이처럼 우리 안의 예술성은 사실 모두 공평하게 갖고 태어나지만, 그것이 언제, 누군가에 의해 발견될지 아무도 모른다. 스스로 '난 예술적 재능이 전혀 없어'라고 생각하는 사람조차도 예술적 재능의 씨앗이 싹트는 순간이 언젠가 일어날 수 있지 않을까?

내가 '아트디렉터'라는 직함을 가지고 '아치쿠ARTSYKOO'라는 활동명으로 다양한 전시 프로젝트를 기획하고 운영하면서 사람들에게 반복적으로 이야기하는 나만의 신조가 있다.

"Shake Your Artsy Spirit!(당신의 예술성을 흔들어 깨워!)"

오랜 시간 꽃이 피지도, 싹이 트지도 않았다고 해서 씨앗이 없는 것이 아니다. 누군가는 부모, 가족 혹은 타인에 의해서 남들보다 조금 일찍 싹트기도 하고, 누군가는 인생에 주어진 과업에 쫓겨 미처 발견하지 못하다가 우연한 기회에 싹을 틔우는 사람도 있다.

"우리는 모두 예술가로 태어났다." 혹은 "타고난 예술성을 모두 간직하고 있다."라는 나의 말이 예술에 전혀 관심이 없거나, 예술 혹은 예술가에 대해 부정적인 시선을 가지고 있는 사람들에게 거부감을 줄 수 있다는 사실을 잘 알고 있다. 다만 내가 전하고 싶은 말은

'예술성'이란 '아름다움을 발견할 수 있는 마음'이라는 것이고, 이를 잘 보듬어 주자는 것이다.

인류는 그 역사를 통해 아름다움을 축적해 전해 오고 있다. '예술'이 주는 무궁무진한 즐거움을 알기 때문에.

뮤지엄 고어,
아트 디렉터가 되다

구예림 지음

2023년 12월 26일
초판 1쇄 인쇄

2024년 1월 5일
초판 1쇄 발행

펴낸이 황윤정
펴낸곳 이은북
출판등록 2015년 12월 14일 제2015-000363호
주소 서울 마포구 동교로12안길 16, 삼성빌딩B 501호
전화 02-338-1201
팩스 02-338-1401
이메일 book@eeuncontents.com
홈페이지 www.eeuncontents.com
인스타그램 @eeunbook

책임편집 하준현
디자인 lee.ree.
제작영업 황세정
마케팅 이은콘텐츠
인쇄 스크린그래픽

ISBN 979-11-91053-31-9 (03600)